北京猎鹰防暴恐技术推广中心系列丛书

全民防暴恐安全知识手册

屠年风　主编

中国劳动社会保障出版社

图书在版编目（CIP）数据

全民防暴恐安全知识手册/屠年风主编. -- 北京：中国劳动社会保障出版社，2022

ISBN 978-7-5167-5536-5

Ⅰ. ①全… Ⅱ. ①屠… Ⅲ. ①反恐怖活动－公民教育－手册 Ⅳ. ① D815.5-62

中国版本图书馆 CIP 数据核字（2022）第 131763 号

中国劳动社会保障出版社出版发行

（北京市惠新东街 1 号 邮政编码：100029）

*

三河市华骏印务包装有限公司印刷装订 新华书店经销

880 毫米 × 1230 毫米 32 开本 4.5 印张 92 千字

2022 年 8 月第 1 版 2022 年 8 月第 1 次印刷

定价：35.00 元

读者服务部电话：（010）64929211/84209101/64921644

营销中心电话：（010）64962347

出版社网址：http://www.class.com.cn

编 委 会

前 言

PREFACE

习近平总书记指出："要建立健全反恐工作格局，完善反恐工作体系，加强反恐力量建设。要坚持专群结合、依靠群众，深入开展各种形式的群防群治活动，筑起铜墙铁壁，使暴力恐怖分子成为'过街老鼠，人人喊打'。"

近年来，全球范围内的恐怖袭击事件此起彼伏，造成大量人员伤亡和财产损失。恐怖主义严重威胁世界和平与发展，成为全人类的公敌。防暴恐没有旁观者，防暴恐是每个人的责任和义务，因为它关系着每个人的安危。实践证明，当恐怖袭击发生时，行动是否正确合理，直接决定着生存概率。只有每个人都尽可能地掌握防暴恐技能，尽心尽力地履行自己的责任和义务，才能彻底摆脱恐怖的威胁。

希望通过本书的阅读、学习，广大读者能增进防暴恐意识，掌握防范技能，识别可疑行为，远离暴恐侵害，共同维护美好生活。

目　录
CONTENTS

下篇　暴恐袭击时的自救互救

上篇
社会层面：防暴恐

第一章
认识暴恐行为的本质

一、恐怖主义

1. 恐怖主义的定义

恐怖主义旨在通过制造恐惧气氛、引起社会广泛关注和恐慌，威胁相关政府，进而达到某种社会或政治目的。恐怖主义是一种有组织、有制度、有目的的恐怖活动，它在本质上是一种暴力活动。

由 2015 年 12 月 27 日第十二届全国人民代表大会常务委员会第十八次会议通过，根据 2018 年 4 月 27 日第十三届全国人民代表大会常务委员会第二次会议《关于修改〈中华人民共和国国境卫生检疫法〉等六部法律的决定》修改的《中华人民共和国反恐怖主义法》，对恐怖主义等的定义如下。

（1）恐怖主义，是指通过暴力、破坏、恐吓等手段，制造社会恐慌、危害公共安全、侵犯人身财产，或者胁迫国家机关、国际组织，以实现其政治、意识形态等目的的主张和行为。

（2）恐怖活动，是指恐怖主义性质的下列行为：

1）组织、策划、准备实施、实施造成或者意图造成人员伤亡、重大财产损失、公共设施损坏、社会秩序混乱等严重社会危害的活动的；

2）宣扬恐怖主义，煽动实施恐怖活动，或者非法持有宣扬恐怖主义的物品，强制他人在公共场所穿戴宣扬恐怖主义的服饰、标志的；

3）组织、领导、参加恐怖活动组织的；

4）为恐怖活动组织、恐怖活动人员、实施恐怖活动或者恐怖活动培训提供信息、资金、物资、劳务、技术、场所等支持、协助、便利的；

5）其他恐怖活动。

（3）恐怖活动组织，是指 3 人以上为实施恐怖活动而组成的犯罪组织。

（4）恐怖活动人员，是指实施恐怖活动的人和恐怖活动组织的成员。

（5）恐怖事件，是指正在发生或者已经发生的造成或者可能造成重大社会危害的恐怖活动。

2. 恐怖主义的基本特征

根据当代学者的研究，恐怖主义一般具有以下几个基本特征。

（1）政治性和针对性。恐怖主义最本质的特征之一，在于它有某种政治目的。这是其区别于一般经济犯罪或刑事暴力犯罪的主要标志之一。不过，随着恐怖主义的日趋蔓延泛滥，恐怖主义逐渐从政治领域扩展到社会领域。如今，有的恐怖活动可能不像传统的恐怖活动一样具有强烈鲜明的政治性，而只是为了反对某种特定的政策，发泄对社会的不满与敌对情绪，从而威胁社会公共安全，表现为“独狼式”的个人极端暴力行为。这种情况无论是在西方发达国家，还是在发展中国家，都客观存在并有增多趋势。

（2）暴力性和非暴力的攻击性。恐怖行为一般采取暴力方式，包括暗杀、爆炸、绑架人质、武装袭击、劫持航空器或其他交通工具。暴力一般是恐怖主义不可或缺的特点之一，但随着技术的进步和恐怖活动范围的扩展，如网络恐怖主义等的兴起，非暴力但具备攻击性的破坏活动也被纳入恐怖主义范畴。

（3）突发性和不可预测性。恐怖活动都是在极其秘密、隐蔽的状态下进行的。这种隐蔽性造成恐怖活动一定程度的突发性，防不胜防。恐怖活动在什么时间、什么地点、针对什么目标、以何种方式发生，往往无法预知。

（4）象征性和宣传性。恐怖主义的象征性和宣传性指的是，被袭击的对象都具有不同程度的某种价值，象征着恐怖组织或恐怖分子要反对、破坏或报复的国家、制度、政权或秩序。而恐怖活动本身就是一种“公告”，其目的就是引起注意。

（5）极端狂热和残忍。恐怖活动大多具有政治目的、意识形态的背景和动因，根本不受法律、道德、传统和舆论的约束。特别是基于民族宗教问题的恐怖活动，行为极端、精神狂热、手段残忍，往往采取自杀性极端行为。

二、现代恐怖主义对人类的影响

现代恐怖主义给世界各国造成了巨大损失，对人们心理的影响更加深远。恐怖主义的危害性主要表现在以下方面。

1. 恐怖主义影响世界安全

恐怖活动往往造成大量的人员伤亡，严重影响着世界各地的安全。根据不完全统计，在 20 世纪 90 年代，恐怖活动每年造成的伤亡人数年均增长率为 19.08%，死亡人数年均增长率为 12.59%，其中，每起恐怖活动平均死亡人数年均增长率为 25.15%（以 1991 年为基数）。

同时，带有民族分裂主义色彩的恐怖主义对国家主权造成了极大的危害。从当今世界来看，遭受恐怖活动危害比较严重的国家，如伊拉克、叙利亚、以色列、巴勒斯坦、阿富汗、巴基斯坦和索马里等国，或多或少都存在领土和主权被分裂的现象。

2. 恐怖主义影响世界经济

经济繁荣是一个国家或地区发展的基本条件。随着全球经济一体化的深入，国与国之间、地区与地区之间的经济联系更加紧密。而恐怖活动造成的经济损失，也将在国与国、地区与地区之间传递，最终影响全球经济。

例如，根据联合国发布的报告，美国“9·11”恐怖袭击事件给美国带来的财产损失高达 400 亿美元（不计人身损失），并使 2001 年世界经济的增长率降低了一个百分点，全球损失约

3 500 亿美元。而纽约市财政官员估计，考虑到建筑物、死亡人员和经济停顿等损失，恐怖袭击给纽约市造成的经济损失高达 1 050 亿美元。同时，由于美国经济在世界上举足轻重的地位，“9・11”恐怖袭击事件也同时影响了美国的贸易伙伴。例如，拉美和亚太地区与美国经济和国际贸易体系联系密切，这次恐怖袭击事件对于这些地区的经济是一个沉重的打击。

3. 恐怖主义影响世界和平

近些年来，不少国家不同程度地受到恐怖主义的袭击。这也造成了国家间关系的紧张，影响了正常的国际活动。例如，巴勒斯坦与以色列在领土问题上始终存在分歧，双方都存在使用恐怖主义手段的现象，这使得两国关系一直处于紧张状态，严重影响了两国间关系的正常发展。

同时，一些国家受到恐怖袭击后，往往会以牙还牙，这就容易与恐怖活动组织所在的国家在打击恐怖主义问题上发生分歧，使得国家间关系紧张并不断产生摩擦，最终成为战争的导火索。例如，“9・11”恐怖袭击事件后，美国为了报复，直接打击并推翻了阿富汗的塔利班政府。但美国从阿富汗撤军后，极端武装又在当地死灰复燃，恐怖袭击不断，进一步恶化了阿富汗与邻国的关系。

4. 恐怖主义造成人们恐慌

恐怖主义造成直接的人员伤亡和财产损失，只是恐怖主义造成危害的一个方面。恐怖主义的危害，还表现为它对人们心理的冲击。

恐怖主义的暴力性、突发性、隐蔽性和不可预测性等特点，决定了人们面对恐怖主义时容易产生恐惧心理，谈“恐”色变。这种恐惧心理产生的负面效应是全方位的，甚至可能造成社会动荡不安，人人自危。例如，日本1995年3月20日沙林毒气事件发生后，时隔4年，1999年1月19日，日本《读卖新闻》通过对沙林毒气事件中受害者的调查发现，受害者在精神方面的创伤难以愈合：有的受害者会无缘无故想起事发当时的可怕景象；有的则时刻担心再次发生恐怖袭击；有的人则在乘地铁时心有余悸，甚至产生“地铁恐惧症”。

【链接】

2001年9月11日，美国本土发生了一起系列恐怖袭击事件。恐怖分子劫持客机撞击纽约世界贸易中心大楼，造成大楼倒塌。此次事件造成2 996人遇难，财产损失超2 000亿美元，相当于美国当年生产总值的2%，是发生在美国本土最为严重的恐怖攻击行动。

作为对这次袭击的回应，美国发动了“反恐战争”，并通过了《爱国者法案》。“反恐”一词常态化进入世界视野。

“9·11”恐怖袭击事件使世人警醒。国际社会对恐怖主义的危害有了更深的了解，对人类面临的安全威胁有了更新的认识。各国尽管所受威胁程度不尽相同，但均意识到恐怖主义是国际公害，必须联手对其进行打击，国际上加强反恐合作的共识不断深化。联合国安理会通过了1373号等多项有关反恐的决议，并成立了负责监督决议执行情况的反恐怖主义委员会。

上海合作组织、亚太经合组织、东盟、独联体、欧盟、美洲国家组织等地区性组织，都已把反恐作为一项重要合作内容。“9·11”恐怖袭击事件发生后两年多，在国际社会的共同打击下，1/3 的“基地”组织高层人物被捕或被击毙，近 3 000 名恐怖分子被抓获，600 余个属于恐怖组织和恐怖分子的账户被冻结，国际反恐斗争取得了积极进展。

2003 年 5 月，伊拉克主要战事结束后，国际恐怖势力再度活跃。从 2003 年 5 月 12 日沙特利雅得连环爆炸案起，国际恐怖活动明显进入一个新的活跃期。进入 21 世纪后，全球先后发生多起震惊世界的暴力恐怖事件。

2004 年 3 月 11 日上午，西班牙经历了 1988 年洛克比炸弹爆炸案以来最严重的恐怖袭击，首都马德里发生连环爆炸案，导致 190 人丧生，受伤人数超过 1 500 人。

2004 年 9 月 1 日 9 时 30 分左右，一伙头戴面罩、身份不明的武装分子突然闯入俄罗斯南部北奥塞梯共和国别斯兰市第一中学，将刚参加完新学期开学典礼的大部分学生、家长和教师赶进学校体育馆劫为人质，并在体育馆及其周围安放了爆炸物。俄罗斯军方包围了学校 3 天试图解救人质，事件在 9 月 3 日结束，导致 326 名人质死亡，从而成为俄罗斯最严重的恐怖袭击事件。

2005 年 7 月 7 日早上繁忙时间，伦敦连续发生至少 7 起爆炸，数个地下铁路车站和数辆巴士发生爆炸，死亡 52 人，伤者逾百人。

2008 年 11 月 26 日夜晚至 27 日凌晨，印度金融中心孟买发生连环恐怖袭击。袭击者先后攻击孟买南部市中心繁华区的豪华饭店、医院、火车站、知名餐厅和警察总部等场所。此次袭击造成至少 195 人死亡，另有 313 人受伤。

2011 年 7 月 22 日，在不到两个小时的时间里，一个名为布雷维克的男子先是在挪威首都奥斯陆市中心政府办公楼附近引爆汽车炸弹，随后又在奥斯陆以西 40 公里处的于特岛开枪射杀参加执政工党青少年夏令营的人员，共造成 77 人死亡。这是第二次世界大战后挪威遭受的最大规模袭击，也是 2004 年马德里连环爆炸案和 2005 年伦敦爆炸案后，欧洲最严重的屠杀事件。

2013 年 4 月 15 日 14 时 50 分，美国波士顿马拉松比赛终点线附近发生两起爆炸，具体地点位于美国马萨诸塞州波士顿科普里广场。两枚炸弹分别在终点线附近观众区及一家体育用品店先后引爆。此次爆炸造成 3 人死亡、183 人受伤。

2016 年 7 月 3 日凌晨，一名自杀式袭击者驾车闯入伊拉克首都巴格达南部卡拉达区，随后引爆炸弹，造成 250 人死亡。

2017 年 11 月 24 日下午，埃及西奈半岛阿里什某清真寺发生恐怖袭击，袭击者在人们做礼拜时引爆爆炸物并开枪扫射，造成 305 人死亡、128 人受伤。

2019 年 4 月 21 日，斯里兰卡首都科伦坡等多地先后发生 8 次连环炸弹袭击，造成 253 人遇难。

2021 年 4 月 10 日和 11 日，尼日利亚中部高原州及贝努埃州分别发生武装袭击，死亡逾百人，数十人被绑架。

2021 年 11 月 16 日，乌干达首都坎帕拉市中心发生两起爆炸袭击，导致6人死亡、数十人受伤。

…………

这些恐怖事件，给国际社会敲响了警钟，使世人对恐怖主义的暴力性和危害性有了更清醒的认识，对反恐斗争的艰巨性、复杂性和长期性有了更深刻的理解。

第二章
我国的防暴恐形势及对策

在全球恐怖主义猖獗的背景下，我国也是恐怖主义和暴力袭击的受害者。从当前状况来看，我国的暴恐事件时有发生，防暴恐工作不可松懈。

一、我国的防暴恐形势

1. 国内的暴恐袭击现状

近年来，我国发生的暴恐事件给人民群众生命健康和财产安全带来了严重威胁。

2009 年 7 月 5 日，新疆乌鲁木齐发生打砸抢烧严重暴力犯罪事件。此次事件造成 197 人死亡、1 700 多人受伤，其中无辜死亡的各族群众 156 人；受损房屋 719 间，总面积在 21 353 平方米，其中受损店面 331 家，被烧毁房屋 29 间，面积 13 769 平方米；被砸烧车辆共计 1 325 辆。

2013 年 12 月 15 日，新疆喀什地区疏附县公安民警在萨依巴格乡抓捕犯罪嫌疑人时，突遭多名暴徒投掷爆炸装置并持砍刀袭击，造成 2 名民警牺牲。公安民警果断处置，击毙暴徒 14 人。警方抓获犯罪嫌疑人 6 人，缴获一批爆炸装置、自制枪支、刀具等。

2014 年 3 月 1 日，云南省昆明火车站发生严重暴恐事件，致 29 人死亡、130 余人受伤。

2018 年 4 月 27 日，陕西省米脂县第三中学发生一起暴力伤害事件，造成 9 名学生死亡、12 名学生受伤。

2018 年 9 月 12 日晚，一辆汽车闯入湖南省衡东县洣水镇滨江广场休闲人群，造成 15 人死亡、43 人受伤。

2019 年 9 月 2 日，湖北省恩施市白杨坪镇朝阳坡小学发生持刀伤人事件，致 8 名学生死亡、2 名学生受伤。

…………

这一起起血淋淋的事件给人们敲响了警钟，暴恐事件离人们并不遥远。

从近年来国内发生的暴恐事件可以看出，暴恐活动在我国呈现出以下趋势。

（1）恐怖主义威胁从边疆向内地不断渗透。过去，暴恐袭击一般发生在遥远的边疆地区，然而近年来发生的暴恐事件则显示，暴恐袭击已不局限于某些特殊地区，而是逐渐向内地渗透。其中，“独狼式”的个体或小群体暴恐活动有增多趋势。任何人口稠密、安防可以被突破的地方，都有可能受到袭击。全国范围内防暴恐压力增大。

（2）恐怖主义威胁来源愈加复杂化。一系列恶性暴力事件表明，我国防暴恐工作的打击对象同时包括暴力恐怖势力、民族分裂势力、宗教极端势力，以及本土反人类反社会的极端暴力分子。前三股势力目前已经形成合流，并渗透到边疆，通过使用毁灭性手段，不断制造危害人民群众的恶性暴力事件，制造恐慌和社会混乱，煽动民族仇恨，从而分裂国家、传播极端主义思想或达到其他政治目的。同时，前三股势力也有可能利用后一种极端暴力分子，使防暴恐工作面临更复杂和更严峻的形势。

【链接】

2013 年 6 月 7 日，福建省厦门市一辆公交车在行驶过程中突然起火，造成 47 人死亡、34 人受伤。犯罪嫌疑人被当场烧死。经公安机关初步认定，这是一起严重个人极端行为刑事案件。犯罪嫌疑人因对社会不满，产生仇恨和报复心理，制造了这起惨剧。

（3）暴恐袭击的手段方式更加多样化。近年来，暴恐活动袭击对象由最初的政府机关、公职人员，转向城市公共活动中心、公交运输系统和普通群众。由于我国对危险品有严格管制，因此现在的作案工具也由枪支、炸弹扩展到汽车、砍刀等武器。暴恐分子往往能就地取材制作作案工具，杀伤力很大。同时，参与实施暴恐袭击的人员，开始伪装渗透入普通群众。这些变化使得暴恐分子在普通人群中更容易藏匿，使暴恐袭击更加隐形和难以防范，大大增加了防暴恐的难度。

（4）互联网等技术的应用使暴恐活动增加了技术含量。如今，随着交通、通信等各类科技的发展和互联网社会的到来，人员的流动性和信息传播的迅捷性均显著增强，暴恐分子在各地流窜、策划联络等也更加容易。因信息传播速度和覆盖面在现代社会都得到了长足发展，暴恐活动的影响力也随之提高，其造成的恐慌和负面效应将波及更加广泛的人群。

2. 我国公民在海外遇袭情况

近年来，随着“一带一路”倡议的推进，我国公民走出国门的频率呈现上升趋势，我国企业也继续加大走出去的步伐，现在世界各地几乎都能看到我国公民的身影。与此同时，我国公民在海外遭受暴恐袭击的案件也逐渐增多，正逐渐从过去被殃及变为直接目标。各种刑事犯罪和意外事故更直接造成我国公民人身伤亡和财产损失。

2014 年，我国公民出境旅游人数超过 1 亿人次。2019 年，我国公民出境旅游人数已达 1.55 亿人次。而根据相关统计数据，我国公民每年在海外遭遇上百起安全事件，其中排名前三的分别是刑事犯罪、社会动乱引起的冲突对抗和恐怖主义。随着全球新冠肺炎疫情的爆发，各国经济发展和正常的社会秩序受到很大的冲击，我国公民在海外也面临着严重的安全威胁。我国公民在海外遇袭事件中影响比较大的事件如下。

2010 年 8 月 23 日，菲律宾马尼拉市发生人质劫持事件。我国 8 名香港游客死亡，6 人受伤。

2011 年 10 月 5 日，湄公河金三角水域发生中国商船遇袭事件。我国 13 名船员全部遇难。

2013 年 6 月 23 日，巴基斯坦南迦帕尔巴特峰登山营地被恐怖分子袭击。我国 2 名登山者遇难。

2015 年 8 月 17 日，泰国首都曼谷著名旅游景点四面佛附近遭受爆炸袭击。我国 7 名游客遇难，30 人受伤。

2015 年 9 月 10 日，“伊斯兰国”恐怖武装绑架人质公开拍卖。1 名人质系我国公民，之后遇害。

2015 年 11 月 20 日，马里首都遭遇暴恐分子袭击。我国 7 名公民被挟持，其中 4 人获救，3 人遇难。

2016 年 5 月 31 日，联合国驻马里加奥营地遇袭。我国 1 名维和人员牺牲，4 人受伤。

2020 年，7 名中国公民先后在南非遇害，知名侨领前南非齐鲁同乡总会会长仲志维及其夫人在约翰内斯堡市被歹徒残忍枪杀的事件，更是震惊了南非侨界。

2021 年 7 月 14 日，中国企业在巴基斯坦承建的开普省达苏水电站项目出勤班车在赴施工现场途中遭遇爆炸，造成 9 名中方人员、3 名巴方人员遇难。

…………

受国际金融危机影响，很多国家经济衰退或不景气，在海外的中国公民和企业生存环境有所恶化。从地区视角看，撒哈拉以南的非洲地区危险系数最高。当地普遍较为贫困，政府对国家内部控制力较差，武装分子林立，刑事犯罪高发。前往非洲的中国公民大多是劳务人员，停留时间较长，所以面临的风险比普通游客更大。亚太地区是中国公民境外旅游人数最多的地区，其遭受恐怖主义威胁的程度位居全球第二，并不乐观。中东、北非地区由于历史传统和宗教因素影响，危险系数也很高。欧洲、北美地区在国际恐怖主义猖獗的背景下，也日益成为暴恐分子袭击的目标。

目前，受新冠肺炎疫情影响，很多国家经济发展疲弱，针对海外中国公民的暴力袭击事件有所增加。在这种情况下，海外中国公民更要掌握基本技能，有效识别和规避风险，以便在危险来临时能够保护自己和家人的人身安全。

二、我国的防暴恐对策

我国政府一再强调反对一切形式的恐怖主义。早在 1983 年 10 月第 37 届联合国大会第六委员会讨论“关于国际恐怖主义问题”时，我国代表就明确指出：“我们一贯反对任何扣押人质、劫持飞机、绑架暗杀以及爆炸纵火等恐怖行动，也反对采用这种行动来进行政治斗争。”近年来，我国政府发表了一系列关于本国反恐立场和原则的声明，签署了文件、国际反恐公约等。党和国家领导人多次就反恐问题发表讲话。党的十七大、十八大、十九大均将“反恐”写入了报告。

1. 构建全民防暴恐格局的必由之路

从现代暴力恐怖活动的特点来看，普通民众逐渐成为袭击目标。因此，为了确保整个国家的公共安全，广泛发动民众是我国防暴恐的最佳选择。

【链接】

《中华人民共和国反恐怖主义法》中明确规定，反恐怖主义工作坚持专门工作与群众路线相结合，防范为主、惩防结合和先发制敌、保持主动的原则。

有关部门应当建立联动配合机制，依靠、动员村民委员会、居民委员会、企业事业单位、社会组织，共同开展反恐怖主义工作。

任何单位和个人都有协助、配合有关部门开展反恐怖主义工作的义务，发现恐怖活动嫌疑或者恐怖活动嫌疑人员的，应当及时向公安机关或者有关部门报告。

动员广大民众、社会力量参与反恐与去极端化工作，是世界各国通行的做法。“9・11”恐怖袭击事件发生后，美国、英国、新加坡、俄罗斯等国家普遍推行以社区为核心、广大民众普遍参与的“全民防暴恐”战略，为我国提供了可资借鉴的经验。

“全民防暴恐”战略具有以下优势。

（1）提高民众的警觉性。暴恐分子发动暴恐袭击的一个重要目的，是引起广泛的社会关注。因此，暴恐分子通常会选择人群密集的公共场所实施行动。开展全民防暴恐，可以使广大民众时刻保持着可能发生暴恐袭击事件的心理警觉，时刻留意身边的安全事态，在暴恐袭击发生前做好预防准备。

（2）减少普通民众伤亡。从当前国际暴恐袭击的特点来看，暴恐袭击发生后，导致救援困难的人为因素主要有两点：一是暴恐分子的周密布局以及残酷本性，导致救援行动较难推进；二是受威胁的民众大多不懂自我保护和自救互救，过度慌张，容易影响救援行动顺利开展。而进行全民防暴恐教育，可以使民众尽早对暴恐分子的活动有一定了解，在暴恐袭击发生时懂得如何自我保护、自我救助，并尽可能地配合专业力量开展防暴恐行动。

（3）加速暴恐案件侦破。当每一名普通民众都参与实施防暴恐工作，就如同在每个角落都安装了监测预警系统终端“设备”。这些“设备”能够移动，会进行初步分析并及时报警。民众对身边发现的可疑情况及时上报，可引起相关部门的重视。相关部门通过调查、整合不同渠道情报，可以更加全面地掌握情况，从而更好地确定暴恐事件发生的风险、区域、时间和方式等。此外，民间信息也能够进一步验证专业情报信息的真伪，从而缩短彻查暴恐案件的时间，加快暴恐案件侦破的速度。

“一切为了群众，一切依靠群众，从群众中来，到群众中去，把党的正确主张变为群众的自觉行动”，是党的群众路线。我国社会公共安全治理工作传承了这一优良传统。1991 年，第七届全国人民代表大会常务委员会第十八次会议通过了《关于加强社会治安综合治理的决定》，明确将“群防群治”作为社会治安综合治理工作的重点。《中华人民共和国反恐怖主义法》则将“群众路线”作为基本原则写入总则。

虽然全民防暴恐的专业化水平不高，但若能把广大民众都纳入防暴恐斗争中，使其在暴恐袭击发生之前做好准备，就能为专业防暴恐人员争取更多的时间遏制暴恐活动。“全民防暴恐”策略将防暴恐力量散播开来，为定点防暴恐做了提前准备。

北京的“朝阳群众”“西城大妈”等在防暴恐中就发挥了很大的作用。

构建民众普遍参与的防暴恐格局，密织天罗地网，是打赢防暴恐“攻坚战”与“持久战”的关键，是未来防暴恐工作的主要发展点，是贯彻落实《中华人民共和国反恐怖主义法》的重要着力点，也应成为我国整个防暴恐战略的核心环节。

从具体措施看，各国推动民众参与防暴恐，主要有以下经验：

（1）营造共识。通过媒体，适当公开披露暴力暴恐袭击的案件信息，揭露恐怖主义罪恶本质，让民众了解真实情况，赢得民众对官方防暴恐政策和行动的理解与支持，营造浓厚的防暴恐氛围，使全民凝聚防暴恐共识。

（2）提升意识。推进全民防暴恐教育培训，通过在人群密集场所张贴防暴恐资料、在中小学与高校广泛开设防暴恐和国土安全课程、为社区居民提供防暴恐知识培训、开展社区防暴恐应急演练等，提高民众防暴恐意识。

（3）传授知识。向民众印发防暴恐指南、手册，提供应对暴力恐怖袭击的实用性建议，传授防暴恐知识以及躲避暴力恐怖袭击的逃生技能等，告诉人们如何识别暴力恐怖犯罪嫌疑人，提高民众防暴恐的能力。

（4）塑造信任。通过优质服务、排忧解难、对话交流等措施，增进民众与政府的互信关系，让民众愿意为政府提供可疑信息与线索报告，使民众成为政府最广泛的情报触角与合作伙伴。

（5）提供激励。建立举报奖励机制，通过现金奖励、精神荣誉等奖励方式，鼓励广大民众提供线索，协助政府相关部门开展防暴恐工作。

（6）拓宽渠道。丰富载体形式，让民众更广泛地参与到防暴恐中来。例如，推进“可疑行为报告”计划，研发线索举报平台和系统，招募社区居民和志愿者参与巡逻等。

2. 推动全民防暴恐体系建立和完善

“全民防暴恐”战略的实施，需要相应的体系作为支撑和保障。近年来，我国致力于推动全民防暴恐体系的健全完善，主要包括以下方面。

（1）加大防暴恐立法力度。打击暴力活动和恐怖主义应在法律的框架下进行。目前，包括美国（《爱国者法案》）、俄罗斯（《俄罗斯联邦反恐怖主义法》）、日本（《反恐怖对策特别措施法》）在内的许多国家都采取单独立法模式制定了专门的反恐法，依法加大打击恐怖主义的力度。

我国的反恐立法也经历了复杂而漫长的历程。

1997 年，我国刑法将恐怖组织首次入刑，增加了“组织、领导、参加恐怖组织罪”，并规定如果犯该罪还实施了杀人、爆炸、绑架等其他犯罪行为的，则要依照数罪并罚的规定处罚。这被视为日后我国出台专门反恐法的开端。

2001 年 12 月 29 日，我国对刑法进行修正，《中华人民共和国刑法修正案（三）》出台，将组织、领导恐怖活动组织的刑罚提高到“10 年以上有期徒刑或者无期徒刑”，增加“资助恐怖活动罪”，把恐怖活动犯罪增列为洗钱罪的上游犯罪等。

2011 年 10 月 29 日，第十一届全国人民代表大会常务委员会第二十三次会议表决通过《关于加强反恐怖工作有关问题的决定》，对恐怖活动、恐怖活动组织、恐怖活动人员作出界定。这是我国第一个专门针对反恐工作的法律文件，意味着我国在反恐领域的立法迈出了第一步。

2014 年 10 月，第十二届全国人民代表大会常务委员会第十一次会议对《中华人民共和国反恐怖主义法（草案）》进行了初次审议。

2015 年 2 月 25 日，第十二届全国人民代表大会常务委员会第十三次会议审议《中华人民共和国反恐怖主义法（草案）》。这是该草案第二次提交全国人民代表大会常务委员会进行审议。二审稿增加规定：人民法院在审判刑事案件的过程中，可以依法直接认定恐怖活动组织和人员。《中华人民共和国反恐怖主义法》于 2015 年 12 月 27 日第十二届全国人民代表大会常务委员会第十八次会议表决通过，并于 2016 年 1 月 1 日颁布实施。

（2）夯实基层防暴恐基础。我国部分城市基层社区安全治理不足，监管难以完全覆盖，且部分民众通常不够警觉，暴恐分子很容易以住客或访客的身份混入其中，在社区僻静之处进行暴恐袭击准备，同时社区本身也容易成为暴恐袭击目标。

目前，一般的住宅区由物业部门进行统一管理，而且相对集中。因此，各物业之间、居委会之间、楼栋之间应加强联系协作，共享安全信息，共同研究对策，提高共同防范恐怖袭击的能力。

国外在社区防暴恐上，已有一定的经验。美国洛杉矶警察局曾推出名为“我看护”的反恐预警新系统，让普通民众了解应该向警方报告的潜在恐怖活动，以便于民众向警方提供相关线索。作为新一代社区反恐监视系统，“我看护”系统已得到美国许多警察局的认可。洛杉矶警察局局长威廉·布拉顿称“我看护”系统为“21世纪版邻里监督系统”。“我看护”系统设计的初衷在于动员全民通过识别和报告可疑人员的行为参与社区保护，建立一套可疑行为报告机制。通过宣传手册、公共服务信息和社团会议，“我看护”系统向社区居民宣传反恐知识，告诉人们哪些情况、哪些地点需要注意。它列出的可疑行为包括有人绘制或测量重要的建筑物、陌生人询问警卫状况或安保措施、有人穿着不合时宜的服装，可能发生这些行为的场所包括政府建筑、宗教和娱乐场所、学校、酒店等。

在以反恐教育闻名的以色列，儿童从幼儿园起便接受反恐教育，报纸时常刊登《发现恐怖分子小诀窍》之类的文章，以帮助民众提高对恐怖活动的警惕性，并号召民众发现可疑人、物立即举报。

新加坡自1983年设邻里警岗，1997年设立第一个邻里警察中心，2012年5月推出社区巡逻制度，至今已推行了几十个邻里警岗。

近年来，我国也逐步在全国范围内持续推广社区防暴恐战略。例如，北京综治委于2014年5月在全市范围内启动了社会面等级反恐，其中一个举措就是以社区（村）书记和治保主任为骨干，以楼门院长、中心户长为中坚力量，以广大巡防员、流管员、平安志愿者为基础，建立起一支近10万人、覆盖全市的安全稳定信息员队伍，成为涉恐涉暴情报信息收集的重要基础。

社区作为防暴恐工作的基层组织，可将防暴恐融入日常生活，强化社区防暴恐薄弱环节，从源头上挤压暴恐分子在民众身边生存、预谋、宣传、制造工具和藏匿的空间。民众通过在社区接受防暴恐宣传教育，也降低了被极端组织蛊惑、拉拢的可能。

（3）管控危险物品。危险物品作为暴恐活动的重要物质对象，世界各国对其管理给予了高度关注。根据我国相关法律法规的规定，枪支弹药、管制器具、爆炸物品、剧毒化学品和放射性物品等危险物品均属于公安机关的监督管理范畴。由于这些危险物品的危险性强、破坏力大，长期以来一直都是暴恐分子觊觎的首选作案工具。他们利用这些危险物品，制造暴恐活动，导致严重的人员伤亡和财产损毁，造成恶劣的社会影响和政治影响，企图达到其不可告人的目的。

【链接】

《中华人民共和国反恐怖主义法》规定：

生产和进口单位应当依照规定对枪支等武器、弹药、管制器具、危险化学品、民用爆炸物品、核与放射物品作出电子追踪标识，对民用爆炸物品添加安检示踪标识物。

运输单位应当依照规定对运营中的危险化学品、民用爆炸物品、核与放射物品的运输工具通过定位系统实行监控。

有关单位应当依照规定对传染病病原体等物质实行严格的

监督管理，严密防范传染病病原体等物质扩散或者流入非法渠道。

对管制器具、危险化学品、民用爆炸物品，国务院有关主管部门或者省级人民政府根据需要，在特定区域、特定时间，可以决定对生产、进出口、运输、销售、使用、报废实施管制，可以禁止使用现金、实物进行交易或者对交易活动作出其他限制。

发生枪支等武器、弹药、危险化学品、民用爆炸物品、核与放射物品、传染病病原体等物质被盗、被抢、丢失或者其他流失的情形，案发单位应当立即采取必要的控制措施，并立即向公安机关报告，同时依照规定向有关主管部门报告。公安机关接到报告后，应当及时开展调查。有关主管部门应当配合公安机关开展工作。

任何单位和个人不得非法制作、生产、储存、运输、进出口、销售、提供、购买、使用、持有、报废、销毁前款规定的物品。公安机关发现的，应当予以扣押；其他主管部门发现的，应当予以扣押，并立即通报公安机关；其他单位、个人发现的，应当立即向公安机关报告。

在对危险物品的管控上，我国也在不断探索新办法。近年来，针对散装汽油，各地普遍建立了实名购买制度，形成严密的散装汽油销控网络。2015 年，中央综治办、国家邮政局等 15 部门联合印发《全国集中开展危爆物品寄递物流清理整顿和矛盾纠纷排查化解专项行动的工作方案》，要求在寄递渠道100%落实“收寄验视＋实名收寄＋过机安检”三项措施，进一步消除寄递物流行业中的安全隐患。

对于危险物品的管控还可以有更多的探索。例如，暴恐袭击较难防范的是爆炸事件，爆炸事件从发生到结束往往只有几秒钟，但却可能造成严重伤亡。在我国，炸药通常不易买到，因此暴恐分子很可能在化学试剂销售店购买制作炸弹的原料，自己进行配制。公安机关可考虑实施化学试剂销售店联网制度，明确需要重点关注的化学试剂名录，对所有拟购买这些试剂的人员进行合法身份确认和网上登记，通过联网汇总信息，根据单个购买者的总购买量、购买周期等信息进行动态监测，密切留意异常情况，重点监控预防。

（4）加强防暴恐宣传。我国明确提出，反恐是一场长期艰巨的任务，各级人民政府和有关部门、单位应当积极组织开展反恐怖主义宣传教育及实战化培训，增强民众安全意识及紧急情况下的防范、逃生及自救能力。加大防暴恐宣传力度，借以培养民众的防暴恐意识和素质能力，为全民防暴恐打下良好的群众基础。

防暴恐宣传是能够最广泛促进警民合作的方式。通过电视、广播及互联网等媒体，定期或不定期宣传暴恐分子识别方法以及与警方联系的方式等防暴恐常识，可提高民众对防暴恐工作的知晓度和熟悉度。在社区、学校、企业等人员较为集中固定的地方开展讲座，可提高广大民众的警民合作意识，使其能及时对疑似暴恐分子进行识别和报警，协助警察防范恐怖袭击。

（5）强化防暴恐应急演练（如图2–1所示）。当前防暴恐斗争的突出薄弱方面，在于广大民众的参与意识和应急知识及技能还不足，面对暴力恐怖袭击时，往往惊慌失措，但在事件过去之后又容易放松警惕。实践证明，定期和不定期组织民众参与防暴恐应急演练，是提高普通民众防暴恐意识和应急知识及技能的有效途径。

图 2-1　防暴恐演练

常言道，有备无患，未雨绸缪。应急演练是最贴近实战的形式，是提高政府与民众的危机意识，向广大民众普及安全知识，检验各级各行业应急预案的科学性和可操作性，提高全社会综合应急能力的重要环节。突发事件发生时，如果启动没有经过应急演练检验的应急预案，不仅不能满足应急处置工作的实际需求，还可能导致另一场灾难。

在当前的防暴恐应急演练中，各地越来越注重统一认识，引导各参演单位充分认识演练活动的重要性，动用各方社会力量；

注重统一指挥，做到分级负责，分层实施，分步联动；注重发挥特点，根据不同部门和行业的性质和技能情况，安排演练内容，分配演练任务；注重协调配合，适时指导各参演单位和有关部门各司其职，协同配合，使演练环环相扣，节节相连。通过演练检验应急预案的科学性和可操作性，并针对演练活动暴露出的问题和不足，制定整改措施，不断健全完善应急演练机制，逐渐使应急演练走上制度化、规范化、经常化的轨道，从而不断提高防暴恐的工作水平。

为重要场所配备和培训防暴恐应急人员也是必不可少的。车站、码头、学校、大型商场、公共娱乐场所、大型企事业单位等人员众多，容易成为暴恐袭击目标，需要配备更多的安保力量。政府公安部门等需要组织专门力量，定期对重要场所的安保人员进行培训。此外，这些场所的从业人员应接受培训，以提高防暴恐意识，主动发现可疑情况并进行先期简单处置，同时确保在暴恐事件发生时能够保持冷静，并帮助、指引其他人保护自身安全、脱离危险地带。

（6）做好应急处置。发生暴恐袭击是谁也不想看到的最坏结果。在无法完全避免的情况下，做好防暴恐应急处置就是最后一道防线。

提高现场应急处置能力，需要树立“狼真的来了”的危机意识、“一切皆有可能”的忧患意识、“把一切可能考虑全面”的敌情意识，在暴恐事件发生后，第一时间反应、快速高效处置，以快制快、以动制动，把暴恐活动消灭在最短时间、最小范围，最大限度降低危害、减少损失。

在应急处置中，平时准备得越充分，面对真实现场才可能越镇定有序。一般来说，如果发生暴恐袭击，应急处置工作包括以下流程。

1）及时判明事件的性质和危害程度。暴恐袭击事件发生后，应迅速启动防暴恐应急处置指挥系统，及时了解、掌握现场情况及事态发展趋势。根据有关部门收集的情报信息，尽快判明事件性质和危害程度，及时采取相应的处置措施。

2）迅速开展现场处置和救援工作。现场处置指挥部迅速调集本地资源和力量，先行采取紧急处置和救援行动，并及时报告现场处置、救援情况。总指挥部根据需要调动有关力量予以支援。各职能部门在现场处置指挥部的统一指挥下，充分发挥力量和资源优势，迅速组织抢救伤员，疏散人群，安置群众，封锁现场、隔离区域，排险排爆，控制辐射、疫情、毒情扩散等，及时组织现场勘查、谈判周旋、解救人质等工作，对媒体报道进行有效引导和规范。

3）视情况对相关地区进行管制和戒严。现场处置指挥部可根据事件的性质和危害程度，依照有关规定实施局部区域的现场管制、交通管制。

4）全力维护事发地的正常秩序。现场处置指挥部应根据暴恐事件的具体情况，采取各种预防性紧急措施，严防暴恐分子发动新一轮的暴恐袭击。关闭、封锁重要场所，必要时停止供电、供水、供气、供油，切断通风系统；加强对辖区首脑机关、要害部位、生命线工程、重大建设工程的建筑物、有重大文物价值和纪念意义的建筑物以及公众聚集场所的安全保卫；加大社会面检查、巡逻、控制力度；严格出入境管理与控制；发动并依靠基层组织、单位和广大群众，严密防范和严厉打击趁火打劫、煽动骚乱、制造恐怖气氛的违法犯罪活动，全力维护社会稳定。

5）缜密侦查，严惩暴恐分子。现场处置指挥部迅速组织开展全面侦查工作，及时查明事实真相，收集有力证据，依法严惩暴恐分子。迅速组织开展现场调查访问，加大堵控、盘查、搜查力度，采取一切专门手段搜集情报信息，及时发现可疑分子和线索。坚持专门工作与群众路线相结合的方针，广泛发动群众检举揭发可疑线索，动员依靠全社会力量同暴恐分子作斗争。

6）规范新闻发布。新闻媒体应本着有利于维护社会稳定、有利于提高民众防范意识、有利于打击暴恐分子、有利于维护国家形象的原则，从官方获取权威的信息，规范发布，防止造成社会恐慌。

7）做好善后工作，恢复正常的社会秩序。组织力量迅速恢复正常的生产、工作、学习和生活秩序，尽快消除暴恐袭击和突发事件带来的影响，减少损失。相关部门对事件处置的全过程进行系统总结，检验预案，剖析问题，积累经验。

在暴恐事件的现场应急处置中，警民合作同样可以发挥重要的作用。

2013 年，波士顿袭击发生后，美国警方和联邦调查局利用新媒体发“英雄帖”征求破案线索，民间也自发掀起了一股“缉凶”浪潮。联邦调查局一天内收到 2 000 条线索，其中一些非常重要，比如“黑色背包男”“黑衫男子”“楼顶上的神秘人”等。正是在民众的协助下，警方很快锁定了暴恐分子，并将其击毙。

2014 年 7 月 19 日 4 时许，新疆维吾尔自治区墨玉县普恰克其乡阿亚格库都克勒村支部书记热杰普·伊斯拉木及其妻子在家中被一伙不明身份的暴恐分子袭击，其妻子被残忍杀害，热杰普·伊斯拉木在与暴恐分子的搏斗中身负重伤。警方根据现场线索，确定该案与之前发生的一系列暴恐案件均为阿卜杜热合曼暴恐团伙所为。8 月 1 日，墨玉县 3 万余名群众自发围堵暴恐分子，先后有 70 余名群众提供线索。8 月 1 日 12 时许，阿卜杜热合曼暴恐团伙被摧毁。群众的行动充分体现了全民防暴恐的巨大威力，事后，新疆维吾尔自治区政府拿出 3 亿元奖励此次参与围堵暴恐分子的群众。各民族群众参与防暴恐行动，是对暴恐分子的巨大打击，是我国防暴恐史上的一个亮点。

【链接】

墨玉大围捕：壮哉！3 万警民联手摧毁暴恐团伙

警民团结如一人，试看天下谁能敌！8 月 1 日的新疆墨玉县，3 万警民联手敲响暴恐分子的丧钟。

这是一场将会载入新疆反恐斗争史的生死较量，向世人传递了打击暴恐犯罪、坚决维护社会稳定的超级正能量，彰显了新疆反恐事业的走向，昭示了反恐人民战争的必然胜利。

同仇敌忾　3万群众自发围捕

墨玉县普恰克其乡某村治保主任买买提明家里有4 000平方米用地，现在种着玉米。他有着这世上所有农民对土地与作物的深厚感情，但是这个夏天，他恨庄稼。

“玉米太密太高，容易让暴恐分子藏身，围捕很困难，要是没有这些东西就好了。”这位44岁的维吾尔族汉子感慨地说。

墨玉县位于沙漠边缘，是新疆人口第二大县，也是反恐的前沿。今年新疆开展严打暴恐活动专项行动以来，警方摸排调查到一个大的暴恐团伙，紧锣密鼓侦破案件。

7月以来，随着案情的渐渐明朗，对暴恐分子的追捕也进入白热化状态。该县各乡镇农民得知后，纷纷主动要求加入搜捕暴恐分子的行动，买买提明也是其中之一。与其他农民不同的是，他要负起带领村民有序参与围捕的重大责任。

暴恐团伙头目纠集团伙成员在墨玉县乡镇多处流窜，多处作案，砍伤群众，引起老百姓的强烈愤慨。“基层干部和宗教人士来找我们，要求尽快抓获暴恐分子、为民除害，而通过村干部表达参与抓捕愿望的农民数以万计。”墨玉县委常委、公安局长胡泾平说，面对群众的心声，他们没有任何理由不履行好职责。

事实上，搜捕工作的确存在困难。当时线索不明确，暴恐分子的行踪是个谜团，民警在围绕重点区域入户排查时，村民纷纷表示，有什么需要做的只管说，他们一定尽力。

这样一来，相关的7个乡镇180个村，自发参与围捕的群众竟达3万人以上。为了保障围捕的效果和安全，各乡镇要求村干部组织群众有序开展行动。

“暴恐分子拿着斧头、长刀，但是我们人多，虽然每人手里只有一根木棒，团结起来，就不怕暴恐分子。”买买提明说，他只给家里的玉米浇了一遍水，就投身反恐，肥也不施了，即使撂荒也在所不惜。

该乡另一村治保主任托乎提巴克带着满腔怒火的村民进行清查，每一个角落都不放过——地下室、羊圈、坟地、树上、沟渠……

然而最难的，还是玉米地。村民在村干部和民警组织下，三五米一个人，同时进入地里清查，既保证效果，又最大限度地保障每个人的安全。玉米地里蚊子多，叶子边缘割人皮肤，几天几夜回不了家，睡眠是最大的奢望……没有一名村民退缩，他们誓与暴恐分子战斗到底。

在各个乡镇交汇的道路卡点，村民也在民警和村干部带领下坚守岗位，一个一个查验核对通过的人员信息。“电视上滚动播出通缉令，各村也张贴了照片，我们把这些败类的相貌已经记得牢牢的。”村民西日甫说，7月19日晚上，村里的广播提醒大家，有暴恐分子在附近活动，要多加注意。大家不仅没有躲在家里，反而拿着棍棒出门，“我很愿意参与其中”。

“在我参与的每次围捕行动中，大家每隔几米站一个人，形成人墙，不让暴恐分子逃走。大家心里只有一个想法：只有早点抓住他们，才能安心生活。”村民依米提说，他们没有恐惧，只有一个信念：保卫家园。

完美收官　暴恐分子插翅难逃

2014年8月1日，注定要铭刻在墨玉县县志上。这一天，暴恐团伙的10名成员在群众围堵之下，无路可逃，被专门维稳力量一举歼灭。

8月3日中午，记者来到暴恐分子被逼至的那间空屋，空气中弥漫着催泪弹的刺鼻味道，墙上可见爆炸和射击遗留的痕迹。

正义与邪恶的生死较量，在这里展开。

8月1日清晨，警民联手对村重点区域展开武装清查。12时15分许，在普恰克其乡，有群众发现有身份不明的可疑人员进入了该乡阿亚克库都克拉村的一片玉米地中，便迅速报警，干部群众200余人迅速形成包围圈进行围捕。

与此同时，各路清查力量迅速赶来，进入现场。此时，玉米地里响起了第一声爆炸声，那是被围堵的暴恐分子向群众投掷出的爆炸装置。

包围圈并没有退缩，没有一个人畏惧，没有一个人离开，每个人都欣喜若狂——终于发现了暴恐分子的行踪，他们再也别想逃脱了！

专门维稳力量迅速赶到。邻近4个派出所的民警、协警及民兵在5分钟之内到达，特警及武警也迅速赶来，而群众获悉后纷纷骑着电动车、开着农用车赶来封堵。

包围圈越缩越小，在干部群众的步步紧逼之下，暴恐分子绝望地退到了一间闲置的空屋内。

内圈是数百群众，外围是数千群众，而更大的外围，是万余名群众在所有路上肩并肩形成的人墙。

“这一区域我们清查了好几遍，已经熟悉了地形。我们到达后当务之急是让群众疏散到外围，由我们专门力量来处置。”墨玉县公安局办案民警刘勇说。

不到10分钟，所有接到指令的专门力量全部到位，将那间房屋包围得水泄不通。

在喊话和鸣枪示警无效后，暴恐分子向屋外投掷了4次爆炸装置，并戴着面罩喊着“圣战”口号挥舞大刀向外冲。

第一枚爆炸装置就在墨玉县特警大队大队长李森和战友身边不远处爆炸，但李森当时被巨大的喜悦包围：“终于堵上了，不管付出什么代价，也不能让他们逃脱，一定要给群众一个交代。”

在指挥部指令之下，民警果断处置，当场击毙9名负隅顽抗的暴恐分子，抓获1人。

此役之后，参战维稳力量发现自己有很多兴奋点。一是群众的大力支持让反恐维稳战役更加具有主动权，更加有了决胜信心。“围剿以来，我们接到群众反映的线索达70余条，不管是脚印、燃烧瓶还是衣物，我们都不放过任何一个线索。”胡泾平说。二是从7月27日开展大规模集中围剿至案件处置，无一民警及群众伤亡。

“这才是真正的胜利。”李森信心百倍地说，专门力量越来越训练有素，默契配合。更重要的是，有了群众的大力支持，民警的行动拥有了强大的决胜支撑。

可歌可泣　群众壮志筑牢基础

什么是幸福？这是每个人都面临的命题。

普恰克其乡某村治保主任买买提明对此没有困惑——幸福就是好的生活，稳定和谐，安居乐业，每一个人都有自己要做的工作，教育好孩子，让他们好好学习科学文化知识和掌握技术，分辨非法和合法。

在暴恐分子作恶之前，这些都是理所应当的。然而暴恐分子破坏了一切。

对暴恐犯罪的认识越来越明确，对宗教与宗教极端的认识越来越清晰，是广大人民群众构建反恐维稳基石的关键。

“群众为反恐维稳所付出的代价和无怨无悔的坚定信念，深深震撼了所有人。”和田地委委员、墨玉县委书记卢蜀江说。

记者了解到，为了抓获暴恐团伙成员，墨玉县的群众付出了超常的代价，而农民却觉得这是分内之事。

58岁的村民艾合麦提尼亚孜积极参与围捕行动，他唯一的儿子陪着父亲一起参加清查，寸步不离，保护老父。围在艾合麦提尼亚孜身边的还有 4 个女婿，全家一起投身反恐维稳。

“我兄弟多，力量大，冲在前头是应该的!”芒来乡村民麦麦提敏带着他的 4 个兄弟参加围捕行动，不给暴恐分子留下任何藏匿的机会。

阔依其乡某村清真寺伊玛目吐热尼亚孜组织发动群众参与围捕：“暴恐分子一定会下‘火狱’，我们要共同打击他们!”

45 岁的党员村民拜克尔为了反恐，让生病发烧的儿子也参与围捕，直到暴恐分子被消灭才带儿子去医院。

村民阿不都黑力力因为和准女婿一起参与围捕，将女儿的婚期推了又推。

清贫的村民麦麦提在村里是出了名的勤俭节约，但在围捕行动中，他不仅和父亲、弟弟积极出力，还自掏腰包为民警和群众送饭，花去 1 000 多元，而他现在使用的手机，还是两年前花三四百元买的。

“不要问我围捕危险不危险，我只知道，如果不严厉打击暴恐犯罪，我们这个民族会更危险。”只有初中文化程度的农民西日甫郑重地说。

“开斋节那天，我家没有顾得上宰羊，村里所有男丁都在清查围捕一线。但我一点也不遗憾，只要打掉暴恐团伙，我们的日子天天都和过年一样。”托乎提巴克坚定地说。

8 月 3 日下午在墨玉县人民广场举行的万人大会上，受到表彰的农民亚森身披大红花激动地说：“我们取得了胜利，如果再次遇到暴恐分子，还会奋起抗击！父老乡亲们擦亮眼睛，拿起你们的坎土曼，共同保卫家园！”

“党的群众路线教育实践活动贯穿自治区‘访民情、惠民生、聚民心’活动始终，在基层见到了实效，这是反恐维稳事业最坚实的基础。”卢蜀江说。

（来源：新疆日报　记者：隋云雁、张雷）

当然，防暴恐是专业性很强、挑战性很大的工作，必须主要由专业力量——公安、武警等部门承担。但在确保群众安全的情况下，推动全民防暴恐，是防暴恐工作今后的一个努力方向。广大群众与公安部门有效合作，才能更广泛深入地开展防暴恐工作，给予恐怖组织更加有力的威慑和打击。

中篇
当暴恐袭击来临时

想过突然有一天枪口会对准你吗？想过突然有一天手臂长的砍刀即将砍过来吗？想过突然有一天一颗炸弹就在你身边炸响吗？像电影情节，但又很可能在某一天不幸降临在人们身边。人们该怎么办？逃，不逃？躲，不躲？斗，不斗？世事无常，危险可能就会突然降临……

第三章
持械袭击

一、持械袭击的要义

1. 持械袭击的定义

它是指暴恐分子利用手持的砍刀、匕首、斧头、铁棍、锤头等械具，通过捅刺、劈砍、抡打等攻击动作，在人群密集区对普通民众进行任意砍杀和打砸的暴恐行为。

2. 持械袭击的特点

（1）持械袭击主要选择防范能力弱或毫无防范能力的普通民众，如老弱妇孺。

（2）持械袭击主要选择公共集会场所、学校、菜市场、车站、休闲广场等人员密集区域，或者选择没有安全检查和防范薄弱的区域。

（3）持械袭击主要选择重大活动和节假日期间的清晨或黄昏，此时人员密集，注意力放松、防范意识薄弱。

二、路遇持械袭击时的应对措施

扫码观看
教学视频

（1）在路遇暴恐分子持刀袭击时，可使用随身携带的背包进行防护，或者脱下外衣当武器，并寻找时机逃离现场。

（2）遇有暴恐分子持刺击类凶器（如匕首）袭击时，由于暴恐分子大部分力量用到了向前的方向，遇袭者可使用背包左右抡击（如图 3-1 所示），使暴恐分子刺击方向发生偏移，从而大大降低被暴恐分子击中的概率。同时，在遇袭者挥舞背包时，暴恐分子会本能地躲闪，可进一步降低受伤害的概率。在逃跑时，遇袭者可采取不规则曲线运动，在适当时机迅速逃脱，并同时大声喊“救命”，以引起周边人的注意。

图 3-1 使用背包左右抡击

（3）遇有暴恐分子持菜刀劈砍时，因为菜刀属于劈砍类武器，一般由上向下劈击，遇袭者可用背包采取向上架挡的方式进行防卫（如图 3-2 所示）并同时大声呼喊“救命”，采取曲线运动找准时机逃离现场。

图 3-2　用背包采取向上架挡的方式进行防卫

（4）当遇袭者被暴恐分子持械袭击后倒地时，应迅速使身体仰卧（如图 3-3 所示），便于观察暴恐分子袭击的路线，然后背部拱起（利于旋转），始终用脚对准暴恐分子，并同时做出蹬踹动作（如图 3-4 所示）。此时，遇袭者的腿有可能受伤，但会尽可能地与暴恐分子形成僵持，暴恐分子有可能会将目标转移至其他无防备的人员身上进行袭击。

图 3-3　使身体仰卧

图 3-4　用脚对准暴恐分子并同时做出蹬踹动作

三、中小学、幼儿园发生持械袭击时的应对措施

中小学、幼儿园属于人员密集区域，学生均为未成年人，自身防护能力较弱。当发生持械袭击时，学校应坚持“生命第一”的原则，把救护师生生命作为首要任务，最大限度减少人员伤亡。学校应加强安全防范应急演练，并制定相应的应急预案。最直接的办法就是定期由专业的防暴恐团队进行“仿真”演练，提高学生的警惕，使他们学会相应的防卫技能，知道怎么逃、怎么躲、躲到哪里，并在疏散过程中避免踩踏事故发生。校园防暴恐演练如图 3–5 所示。

图 3–5　校园防暴恐演练

1. 中小学、幼儿园发生持械袭击的应急流程

（1）设立安全事件应急处置组织机构，建立明确的岗位职

责。报警流程如图 3–6 所示。

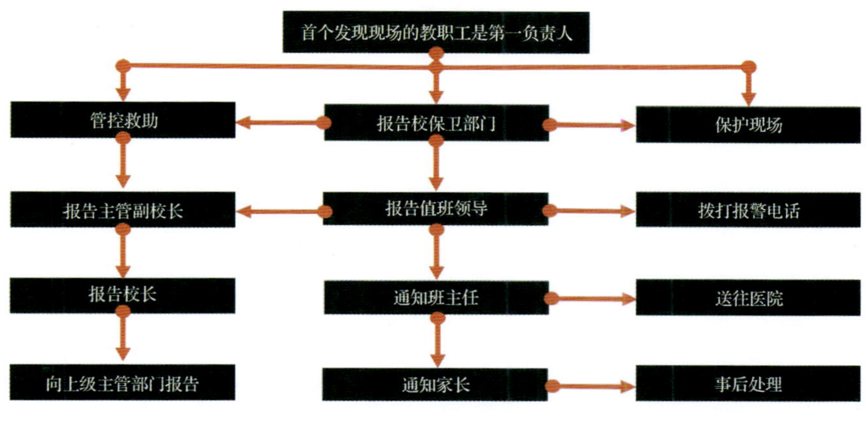

图 3–6　报警流程

（2）在事件发生时，现场教职工或负责人要根据事态尽可能地保护学生安全，并马上组织学生有序疏散，维护现场秩序。

（3）立即拨打 120 和 110 报警电话，报警内容为：“××学校发生暴力恐怖伤害事件，伤害情况是××，请迅速前来救助，地址是××区××街××号。”待对方放下电话后再挂机。

（4）立即向上级主管部门报告。协助学校联络公安、消防、医疗、社区有关部门，寻求救援，争取外援迅速赶到事件现场，保证学校应急组织信息畅通。

（5）学校应急处置工作领导组组织各工作小组到位，按照预案规定职责开展处置救援工作。

2. 中小学、幼儿园发生持械袭击的具体应对方法

中小学、幼儿园发生持械袭击的具体应对方法为黄金三法则：逃、躲、藏。

面对持械袭击，全体教职工要不惜一切代价建立警戒线，使暴恐分子无法靠近学生，防止事态扩大。同时，要让学生尽快疏散和逃跑，但是不要集中一起跑，应分散着跑，不要逆着人流跑，防止摔倒。应尽量躲到有遮挡物的地方或者自己把自己“藏起来”（如图 3–7 所示），不要发声（如图 3–8 所示），双手抱头把身体蜷缩起来，等待救援。如果近距离遇到持械的暴恐分子，应就地取材，抓身边的土或者书本、书包等物品奋力抛向暴恐分子，扰乱他的视线，或者趴下、蹲下躲避。

图 3–7　躲到有遮挡物的地方或者自己把自己“藏起来”

图 3–8　躲避时不要发声

在有效保护学生安全的前提下，学校要迅速集结全校优势力量，阻止暴恐分子行凶，同时拨打 110 报警。学校保安或者身体强壮的教职工要携带防卫器械，或者就地取材，如身边的凳子、拖把、砖头、消防器材等与暴恐分子周旋（如图 3–9 所示），劝阻与制止犯罪行为，为警方援助赢得时间。

学校要做好善后处理，学会应对媒体，做好受伤学生亲属的安抚、安置工作，妥善处理相关善后事宜，配合相关部门进行调查、取证等工作。

图 3-9　就地取材与暴恐分子周旋

四、早市、集市等人群密集区发生持械袭击时的应对措施

早市、集市人群密集，并且以中老年人和妇女居多，个人防护能力差，且素不相识，呈无组织状态，一旦发生暴恐袭击，势必造成人员拥挤、混乱，甚至发生踩踏事件。

（1）市场管理部门要合理安排摊位，确保疏散通道畅通。当发现暴恐分子持械袭击时，摊主可提前发出预警，并主动将位于摊位前的购物人员拉至摊位后，与暴恐分子周旋。

（2）当暴恐分子接近时，可利用一切可利用的物品向暴恐分子投掷，干扰其施暴。

（3）相邻摊主可相互之间结成安全互助小组，当暴恐分子袭击一方时，其背后摊主可用秤砣、木棒、水果、托盘从背后袭击暴恐分子，两侧摊主可从侧后袭击，对暴恐分子形成“过街老鼠，人人喊打”之势，使其无处可躲、无处可逃。

（4）只有有效的周旋和反抗，才能在专业安保力量到达现场之前减少无谓的伤亡。

（5）在专业安保力量到位并有效控制暴恐分子后，可有序组织撤离，救治受伤人员，并积极配合调查人员取证。

五、车站、广场等人群密集区发生持械袭击时的应对措施

（1）人们应保持镇定，清醒判断，及时报警。

（2）切忌盲目围观，赶快逃跑躲藏。

（3）距离事发地点较远的青壮年应自觉协助老人和妇女、儿童从安全的一侧有序撤离。靠近暴恐分子的青壮年可利用随身携带的手包、衣物进行反抗，干扰暴恐分子的袭击，延缓其施暴行为。在周旋过程中，应充分利用当时的地形、地物，采取防身和夺凶器的手段。例如，可以利用地上的砖头、瓦块击打对方，用泥沙、沙砾扬眯对方眼睛等，还可以利用身上的腰带、上衣等物品抡打防身。

（4）面对凶残的暴恐分子，自认为无力抵抗时，则应迅速躲避，采取侧身跑，边跑边防止暴恐分子追击砍杀。假如暴恐分子快速追上，可仰身倒地，双腿弯曲，不停交替蹬踹（如图 3–3、图 3–4 所示），这样既可使暴恐分子难以下手行刺，还有可能趁势踹掉暴恐分子手中的凶器。

（5）在人群密集区遭受暴恐分子袭击时，应大声呼喊求救，吸引其他青壮年从背后袭击暴恐分子。距离较近的青壮年在听到求助呼喊后，应迅速停止撤离，设法转移到暴恐分子背后或从侧

面袭击暴恐分子，可几个人同时袭击，击倒或制服暴恐分子，有效减少伤害。

六、公交车上发生持械袭击时的应对措施

（1）公交车上行色可疑人员的辨识。如身穿很大、很肥的外套者；腰部突出，且手长时间缩在袖子里或放在兜里；神情恐慌、两眼滴溜乱转、言行异常者；着装、携带物品与其身份明显不符，与季节不协调者。遇到这些可疑人员，大家要有防备心理，及时通知车上安全员或者售票员。

（2）公交车相对狭窄，空间密闭，在暴恐分子持械袭击瞬间，位于其背后和侧面的人员应迅速反抗，可用脚踹暴恐分子膝窝处，用手从后抓其头发向后、向下猛扯，用肘击暴恐分子面部，重点是眼睛或者暴恐分子侧面太阳穴位置，如图 3-10 所示。其他人员应协力控制暴恐分子的上肢。因为暴恐分子通常会携带爆炸物或汽油罐上车，谨防其采取自杀式或纵火恐怖袭击。

图 3-10　在公交车上反抗暴徒

（3）司乘人员一般离暴恐分子较远，可迅速靠边停车，开警示灯，打开车门，报警。

（4）乘车人员下车疏散时切忌向路中间跑，防止被过往车辆

二次伤害。

（5）若车门尚未打开，但车已经起火，可使用应急锤敲击车窗玻璃的四角，从应急窗口撤离。

第四章
劫持绑架

一、绑架的要义

1. 绑架的定义

绑架是一种犯罪行为，指的是非法使用暴力手段挟持人质，以达到敲诈、勒索或者其他目的。绑架是暴恐分子以暴力胁迫或者其他方法将一人或多人置于其实际控制之下，并以杀死、伤害、折磨或继续扣押被控制者相威胁，强迫第三方或被控制者本人满足其某种要求的犯罪行为。

2. 劫持绑架的动机类型

根据劫持绑架的动机，可以将劫持绑架人质案件划分为感情纠纷型、追索债务型、勒索钱财型、抗拒抓捕型、力求逃脱型。暴恐分子为了达到其目的，往往会选择手无缚鸡之力、身材矮小、体质瘦弱、反抗能力较弱的人作为人质，而在符合这些要求的人中，妇女、儿童及老人往往首当其冲。如果暴恐分子绑架成年人，主要采用强行劫持、麻醉、欺骗等手段。

3. 暴恐分子劫持绑架人质时的心理状态

（1）如果属于感情纠纷型、抗拒抓捕型、力求逃脱型劫持，暴恐分子当时的心理应该是极其脆弱的，其承受能力也是很差的。从暴恐分子的初衷来看，他们往往是想通过劫持人质来实现自己的某种愿望，大多是迫于无奈而采取的极端行为。劫持绑架人质并不是暴恐分子的目的，只要有缓冲、有退路、有生的希望，他们一般不会走向极端，更不会伤害人质。犯罪结果也会随着犯罪目的是否达到、犯罪欲求是否变化、人质态度、人质与暴恐分子原有的关系、人质掌握的犯罪信息程度、人质的应变能力及行为适度与否而发生变化。

（2）如果属于追索债务型、勒索钱财型劫持，暴恐分子当时的心理状态是亢奋的，行为比较夸张，目标精准，有一定的预谋性。他们控制人质的时间会很长，通过劫持人质来实现自己的某种愿望。

劫持绑架演练如图 4–1 所示。

图 4–1　劫持绑架演练

二、暴恐分子绑架的目标

1. 事先物色型

暴恐分子已经有了绑架目标，其行动是有准备的。

（1）针对当地或外地经济条件较好的人群，以企业老板为主。目标确定后，一般通过跟踪、守候的方式获取事主的生活规律、兴趣爱好等方面的信息，然后采用强行劫持等手段实施绑架。

（2）针对网友等普通人群。采取约会的方式通过诱骗网友等实施绑架。

（3）针对恶意欠债、欠薪及暴力竞争的人员。有些人明明有钱却欠债不还，有些人暴力竞争，由此引起激愤，引发绑人逼债的案件。在这类案件中，有的将绑架目标定为债主、竞争对手本人，有的则指向其子女。

2. 随机物色型

暴恐分子在街头随机寻找绑架目标。随机物色不代表没有选择，更不等于盲目选择。

（1）以车择人。在饭店、酒吧、歌厅等场所附近物色高档车辆进行守候，趁车主打开车门之际侵入车内实施绑架。

（2）路边择人。暴恐分子结伙驾车在路边物色单独行走的男女，伺机强拉入车内，到偏僻的地带洗劫、控制当事人，并向其家人勒索财物。

（3）诱骗绑架。暴恐分子在车站、码头等公共场所，以外地涉世未深的男女青年为主要目标，采取接站、介绍工作等欺骗手段进行绑架。

扫码观看
教学视频

三、绑架的日常防范措施

（1）成年人尤其是青年男女，应避免炫富，尤其在穿衣打扮方面要注意。

（2）大富大贵者及其家人最好减少单独外出或一人在家的机会，不要随意透露自己或家人的生活、工作、出行计划以及行踪等情况。

（3）注意观察自己经常活动和出入的地方有无可疑人员与迹象，因为绑架案件通常发生在被绑架对象经常活动和出入的地方。

（4）不要轻信“网友”，不要随便邀约不太熟悉的网友、朋友到家里，或应陌生人之约外出。如果被网友等陌生人约出，上了对方的车后感觉气氛异常时，如车里有多名陌生人，应装作若无其事、毫无警觉的样子，然后在车辆等红灯时突然开门逃跑，或借口取款、上厕所等寻机逃脱。假如发现异常后立即提出下车，则会当即遭到对方的严密控制。

（5）成年人尤其是青年女子，一人外出探亲访友、寻找工作时，不要轻信街头的陌生人，防止落入其预设的圈套，遭遇绑架甚至拐卖、强奸等犯罪侵害。

（6）一人在外吃饭、休息时须小心谨慎，离身饮料忌再饮，防止被人投放麻醉药物。

（7）出行乘车时要选择公共汽车或者正规出租车，不要为了省钱或者方便，随便乘坐“黑车”或搭乘陌生人的便车，给犯罪分子以可乘之机。

（8）车主在地下车库及公共场所上下车，打开车门前，应先观察一下周围有无可疑人员，并养成上车后随即反锁车门的习惯。

（9）外出时应注意是否被人尾随。被人尾随时，可到人员众多的场所摆脱，或向就近的公安机关报案。

（10）平时要注意交友和人际关系的处理，处理好邻里关系、债务纠纷，避免矛盾激化；要遵纪守法，避免“暴力竞争”，预防因赌博欠债、“黑吃黑”等衍生的绑架案。

（11）在常用的通信工具上设置紧急呼救号码和按键及自动报警语音，与家人之间定制突发事件和紧急情况沟通密语或隐语，以备意外情况下使用。

四、遇到持械劫持时的应对措施

（1）孤身一人被暴恐分子劫持，内心难免惊慌失措。这时最重要的是尽量保持镇定，不要做无谓的抗争，更要坚定自己能被营救的信心。只有这样，才有被救脱险的可能。情绪失控只会让暴恐分子狗急跳墙，危害自身安全。在2002年10月莫斯科剧院的劫持人质事件中，个别人质精神崩溃、行为失常，引发了暴恐分子的狠毒报复。

（2）遭到劫持后，节省精力和体力至关重要。因为劫持事件对人质的心理素质和身体状况都是一种极端考验。从国外发生的劫持人质事件来看，解决起来往往需要经过长时间的较量，事件的进展也很难预测，所以得养精蓄锐、保存体力。

（3）如果在人多的地方遭到绑架，应当大声呼救，奋力抵抗，不要因恐惧和暴恐分子的威胁而不敢出声。在被劫持途中，遇到来人要大声呼救，或趁人多时逃跑，尤其遇到警察、军人时要呼救求援。

（4）在被劫持现场，不要随便触摸任何东西，以免触动暴恐分子设置的爆炸物。一旦发生个别意外事故，最好在原地趴下，不要乱跑。

（5）不要自恃口才好，企图和暴恐分子进行谈判。因为暴恐分子往往没有逻辑性，这时最保险的办法就是暂且听由他们摆布。

（6）不要以跳窗、自杀或者其他方式来威胁暴恐分子，这些都是徒劳的。切记不要意气用事，不要硬拼，更不要行为失控。特别是当暴恐分子人数较少的时候，切记不要存在侥幸心理，不要因为暴恐分子的数量较少就去抗争，这时可能会引来伤亡。

五、遇到绑架时的应对措施

（1）被绑架时，应保持冷静，设法了解自己的位置。若被蒙住双眼，可通过计数的方法，估算车辆行驶的时间和路程距离，记住转弯的次数和大致的方向。尽量听取沿途的声音变化和被扣押场所周围传来的各种声音（如音乐、工地噪声等），并记住这些情况。

（2）千万不要与暴恐分子发生争执，以免激怒对方。若暴恐分子询问家中电话、地址，可据实相告，让家人及警方知情后实施营救。

（3）在确保自身不会受到更大伤害的情况下，尽可能与暴恐分子巧妙周旋。例如，设法利用暴恐分子同意自己与亲属通话的时机，巧妙地将自己的位置、现状、暴恐分子等情况告诉亲属。

扫码观看
教学视频

（4）记住暴恐分子的容貌、特征，使用的车型、车牌号码，以及暴恐分子的对话内容。

（5）采取自救措施时，要抓住任何可逃生的机会，如借机要求上厕所等，在确保安全的情况下，乘隙逃到附近人多的地方或其他安全地方。逃脱后，要立即报警，向警方提供暴恐分子的有关情况。

（6）在遭到劫持绑架后，一般会感到紧张恐惧。这时，更要保持强大的内心，坚信自己能够得到营救，不能绝望，多想一切可以支撑自己活下去的信念和理由，让自己的精神不被灾难击垮。

（7）在长期的绑架囚禁中，如果长时间不动，关节会僵硬，肌肉会萎缩，再加上吃不好、睡不好，人质的身体往往会垮掉。一般来说，除非特别重要的人质，暴恐分子不会给人质医治疾病，不少人质就是由于生病得不到医治而丧生。若没有好的身体状态，在遇到警方突击营救或者有机会逃跑时，突然的运动还可能会导致骨折等意外的身体伤害。因此，在一切有可能的情况下，尽量活动关节、舒展身体，保持自我的健康状态非常重要。

（8）案发后，亲属应立即以隐蔽的方式向警方报案，提供人质的年龄、体貌特征、生活习惯、活动规律、手机号码、随身物品、近期照片，以及暴恐分子使用的电话号码等；案发前后的有关反常情况，如可疑的人、电话及车辆等；案发后暴恐分子要求人质亲属做什么，如什么时间联系、在何地点、以何种方式交接赎金等。

六、遇到绑架时的自救和互救措施

绑架通常分三步：用胶带封嘴，使人质不能呼救；戴头套使人质失去视觉，不便于行动；绑手控制人质的行为。因此，人质要做的就是想办法确保自己的生命安全，要懂得怎样自救和互救。

（1）利用脚的触觉试探周围环境。人质可以缓慢坐下，使身体更多地接触地面，平复紧张心情。

（2）解放双手。通常，双手的束缚绑（如图 4–2 所示）为十字绑。人质可以掌握解脱技巧：深吸一口气，双手使劲攥拳，让自己的肌肉膨胀，拳心相对，放在自己腰部稍微向上的部位，双拳往下放，松开双手，由拳变掌，使手腕之间的缝隙变大，然后让绳子到达手腕最细处，双手交叉来回搓动，慢慢从绳子中抽出。

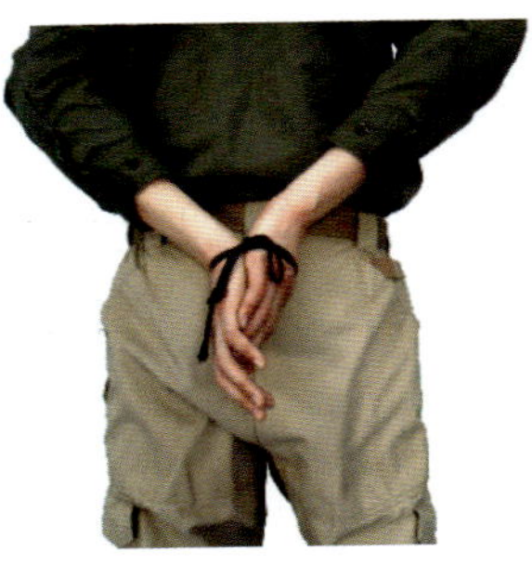

图 4–2　双手的束缚绑

（3）脱掉头套。若双手尚未解放，人质可以采取弯腰低头上下甩（如图 4–3 所示），或者坐下用膝盖夹的方式脱掉头套（如图 4–4 所示）。若双手已解放，则直接用手取下头套即可。

图 4-3　弯腰低头上下甩脱掉头套

图 4-4　用膝盖夹的方式脱掉头套

（4）解开封嘴。尽可能想办法揭开嘴部的胶带等物品。需要注意的是，在暴恐分子对人质进行封嘴时，有时会过于紧张，一不小心连人质的鼻子一起封上，可能造成人质窒息。作为人质，要特别注意避免这一点。人质可以趁暴恐分子不注意时，迅速把嘴唇周边舔湿，或者吐一口唾液在嘴唇处，利用胶带遇水失去黏性的特点，使胶带失去封嘴的作用。人质还可以咬住胶带，即使鼻子被不慎封住，也能通过嘴呼吸，而不至于窒息。

扫码观看
教学视频

（5）起身站立。若双手已解放，可借助手的支撑起身站立。若双手未解放，可掌握倒地起身的技巧。若人质处于面部朝下趴着的状态，可先转半圈让背部着地，利用腰腹和手脚的撑力试图坐起，然后双腿屈膝并拢朝向一侧跪在地上，变换成单膝跪地，最后全身协力成站立状态。

绑架自救和互救演练如图 4-5 所示。

图 4-5　绑架自救和互救演练

七、营救行动时的自我防护

人质都盼望被营救，但从过往经验来看，警方开展营救之时，也往往是人质最危险之时。此时的危险同时来自暴恐分子和救援方。一方面，暴恐分子可能会利用人质作为挡箭牌，也可能鱼死网破先杀害部分人质；另一方面，救援方在进攻时，无法完全顾及所有人质，使用爆炸物或者重型火力进攻时可能误伤人质，甚至可能出现将人质误作为暴恐分子击毙的情况。因此，在营救行动开始时，人质需要做到以下几点：

（1）服从救援方指示。开展营救行动时，救援方处于高度紧张状态，极有可能先射击后询问。因此，人质必须完全按照救援方发出的指令操作。

（2）隐蔽自己，尽可能保持低位，用手保护头部，躲藏好后等待救援。

（3）待战斗结束，配合救援方确认身份。

（4）在救援方的保护下离开现场。

第五章
车辆冲撞碾压式袭击

一、车辆冲撞碾压式袭击的要义

1. 车辆冲撞碾压式袭击的定义

车辆冲撞碾压式袭击，就是暴恐分子驾驶机动车在人群密集的地方进行冲撞碾压，造成人员伤亡的恐怖事件。

2. 对车辆冲撞碾压式袭击的预判

相信直觉，当听到有车辆发动机高速运转发出的轰鸣声时，一定要保持警惕，迅速观察自己周边路面是否有异常的情况。

3. 车辆冲撞碾压式袭击的特点

机动车是钢铁机器，暴恐分子一旦驾驶机动车进入人群密集的地方，其后果极为严重。一是力量对比悬殊，以人肉对抗钢铁，人基本上毫无招架之力。二是杀伤密度大，一个人和一辆车就能造成数十人的伤亡。三是控制难度大，袭击时间太短，根本来不及反应。如果车辆冲撞碾压再与爆炸手段相结合，警方上前处理极有可能造成二次伤害。

二、在广场遇到暴恐分子驾车冲撞时的应对措施

扫码观看
教学视频

（1）当没有提前发现可疑车辆且车辆突然没有目标地撞来时，一定要快速向车辆后方逃跑（如图 5–1 所示），不可以原地趴下，更不可以向车辆两侧逃跑，因为这个时候车辆轮胎碾压或者侧打方向盘，都可以实施再次撞击。

图 5–1　向车辆后方逃跑

（2）如果汽车直接冲撞，千万不要背对汽车，而是面向或侧向来袭汽车，不要直线奔跑，而是左右奔跑，可迫使暴恐分子不停地快速转向，这样才有利于避免更大的伤害。

（3）广场内的人员可迅速跑向较粗壮的树木、水泥墩、乒乓球台、石桌石凳、建筑物后方躲避（如图 5–2 所示），或者躲开后迅速远离路面，躲到路边比较高的位置。

图 5-2 躲避汽车

（4）一定要保持镇定，紧急判断自身位置和逃生方向，第一时间远离事发场所中心。不要随大规模人群前进，尽可能选择多条路径并抛弃一切妨碍行动的随身物品，切忌贪恋财物。也不要逆着人群行进，防止被挤倒、踩踏。

（5）袭击汽车迫停后切莫围观，防止汽车爆炸。

三、在集市、农贸市场遇到暴恐分子驾车冲撞时的应对措施

（1）应迅速寻找就近的掩体，利用掩体来阻挡车辆冲撞，延缓其行驶速度。

（2）集市人员可跑向展台、铺位、农用车、商品后方躲避，但是不能紧贴在后面，防止车辆撞击产生的冲击力使自己受伤。

（3）切记不能往路灯杆后、玻璃橱窗后躲避，因为路灯极易被撞倒而伤人，玻璃橱窗被撞后的玻璃碎片会像炮弹弹片一

样伤人。

（4）如果汽车直接冲撞，千万不要背对汽车，而是面向或侧向来袭汽车，不要直线奔跑，而是左右奔跑，可迫使暴恐分子不停地快速转向，这样才有利于避免更大的伤害。

（5）遇车辆冲撞时，可以把随身携带的物品，如衣服、背包、鸡蛋、蔬菜、面粉等抛向对方的挡风玻璃，干扰对方视线，减少伤害。

（6）遇汽车冲撞时莫贪恋自己的财物。袭击汽车迫停后切莫围观，防止汽车爆炸。

四、在中小学、幼儿园遇到暴恐分子驾车冲撞时的应对措施

（1）把好中小学、幼儿园大门，做到人车分行是重中之重。加强中小学、幼儿园大门的牢固性，大门通常保持封闭状态。应定期检查和维护大门与墙体的连接栓柱，确保暴恐分子不能驾车闯入。应确保大门在应急打开时迅速流畅。

（2）加强中小学、幼儿园门口的治安管理。当前，城市内大多数学生上学、放学均由家长开车接送，每逢上学及放学时间，学校周边车流量剧增，交通压力较大。学校可根据学生居住情况，划定接送学生的临时停车区域，避免学生家长都把车辆停放在校园门口，以减少交通隐患，降低排查防范难度。

（3）对于学校教职工的私家车，学校可另外开设偏门，只限内部车辆出入，内部车辆进入校园后仅限停放于封闭的

指定位置，做到人车分行，确保学生在校园活动安全（如图 5-3 所示）。

图 5-3　内部车辆停放于封闭的指定位置

（4）严格限制社会车辆进入校园，确实需要的，应认真检查并核实人证、车证及联系人，待确认无误后方可限速进入。要谨防闲杂车辆尾随混入。

（5）学生活动场所外围应设置硬质坚固的隔离路障（如图 5-4 所示），确保车辆不能闯入。

图 5-4　硬质坚固的隔离路障

（6）当暴恐分子驾车闯入校园后，学校门卫处应拉响警报（可定期组织类似演习，增强师生的应对能力），在室外空旷处活动的学生应就近返回建筑物内，室外组织活动的教师应就近疏导学生进入坚固的校舍。校园安全应急小组应迅速赶赴现场，设法阻截车辆，并迅速报警。

第六章
枪械袭击

一、枪械袭击的要义

1. 枪械袭击的定义

世界范围内，很多国家没有严格管制枪支弹药，普通人也能够获得枪支，这就造成枪击事件发生概率较高。中国是严格控枪的国家，但不排除暴恐分子通过非法渠道获取枪支，从而对民众造成伤害。枪械就是利用火药能量发射弹丸的射击武器，如手枪、机关枪、散弹枪等。

2. 枪械袭击的特点

（1）子弹速度快，杀伤力大。

（2）枪械袭击主要发生在人群密集的公共场所，如车站、广场、商场、学校等。

二、遭遇枪械袭击时的遮挡物选择

1. 遮挡物的选择

（1）遮挡物最好处于自己与暴恐分子之间。

（2）选择不易被穿透的遮挡物，如墙体、立柱、大树干、汽车前部发动机及轮胎等。木门、玻璃门、垃圾桶、灌木丛、花篮、柜台、场馆内座椅、汽车门和尾部等虽不能够遮挡住子弹，不能作为遮挡物，但能够起到隐蔽作用，保护自己不被发现，可为下一步逃生提供时间。

（3）选择能够挡住自己身体的遮挡物。有些物体材质密度大，但体积过小，不足以完全挡住自己的身体，起不到掩蔽作用，如路灯杆、小树干、消防栓等。

（4）选择形状易于隐藏身体的遮挡物。遮挡物形状规则就容易隐藏身体，躲避子弹，如立柱；不规则物体容易产生跳弹，掩蔽其后容易被跳弹伤及，如假山、观赏石等。

2. 不能保命的遮挡物

（1）灌木丛。灌木丛阻挡子弹的能力像纸一样脆弱，想在灌木丛后面躲避子弹是不可能的。但是灌木丛可以有效地扰乱暴恐分子的视线，特别是在夜幕下，是个逃脱的好屏障。

（2）垃圾桶、木箱、油桶、灯箱。子弹打到这些东西上后会穿其而过，杀伤力丝毫不会减弱，所以躲在这些东西后面毫无意义。而且，子弹还有可能引起油桶内的油料燃烧或者爆炸。

（3）汽车。汽车似乎是个好的遮挡物，其实不然。汽车 2 毫米厚的车皮其实像垃圾桶一样脆弱。在 50 米距离内，任何枪弹都能把 6 毫米以下的车皮射穿！汽车只有两个部位是子弹难以射穿的，一是发动机，二是轮胎（如图 6–1 所示）。发动机错综复杂的机械部件和厚重的发动机机壳能有效地阻挡枪弹。而轮胎上的橡胶凭借其优良的弹性能最大限度地提供保护。但是汽车的油箱一旦被子弹击中，就会有爆炸的危险。

图 6–1　以汽车轮胎作为遮挡物

（4）玻璃门窗。破碎玻璃的杀伤力远远出乎人们的预料，尤其是玻璃在爆炸力的作用下，其威力不次于普通枪弹。因为玻璃虽然脆，但是硬度非常大，在高速运动中可以削铁如泥。

三、遭遇枪击时的应对措施

扫码观看
教学视频

（1）一听到枪声，应立即逃走，不要犹豫不决拖慢自己的进度，并将随身物品扔在原地。要在最短的时间内逃离现场，但逃离时一定要观察地形，遮蔽躲藏式快速逃离。

（2）如果遭遇暴恐分子扫射，千万不要惊慌失措地乱跑，应当就地卧倒（如图 6–2 所示）。就地卧倒应当迅速，不要顾及场地干净与否、是否有积水污垢。卧倒后可以适当地观察一下地形，如果有能够有效阻挡子弹的遮挡物，应快速移动到遮挡物后面（如图 6–3 所示）。

图 6–2　卧倒

图 6–3　在遮挡物后躲避

（3）选好躲避地点和遮挡物。枪弹不长眼睛，如果恰巧夹在警方与暴恐分子双方战场的中间地带，乱跑乱窜极有可能中弹。所以，最好的办法是趴着别动，直到枪战结束。

（4）枪弹无眼，最忌围观。

四、在公交车上遇到枪击时的应对措施

（1）快速掩蔽。在公交车上遇到枪击时，应迅速低头隐蔽于前排座椅后或蹲下、趴下，不要站立。

（2）择机下车。在情况不明时，不要下车；确定枪击方向

后，下车沿着枪击相反方向，利用车体做掩护快速撤离。

（3）如果车辆中途停在隧道内，不要急于破窗跳车，以免出现其他伤害。

五、在娱乐场所、大型商场遇到枪击时的应对措施

图 6–4　快速掩蔽

（1）快速掩蔽。要快速趴下或蹲下，隐蔽于桌子、沙发、吧台、立柱等下方或后方（如图 6–4 所示）。在室内听到外面有枪击声时，不要出去观看，应及时躲避在沙发或床侧面。不要躲避在门后或衣橱内。

（2）如果时机合适，就近向安全出口方向分流疏散撤离，千万不要惊慌拥挤造成踩踏事故。在人群中前行时，要和人群保持一致，不要超过他人，也不要逆行。

（3）若在逃离过程中被推倒在地，首先应保持俯卧姿势，双手抱紧后脑，两肘支撑地面，胸部不要贴地，以防止被踏伤，条件允许时迅速起身逃离。

第七章
爆炸恐怖袭击

一、爆炸恐怖袭击的要义

1. 爆炸恐怖袭击的定义

随着恐怖主义的蔓延，爆炸物品越来越多地被暴恐分子所利用。爆炸恐怖袭击是指暴恐分子利用爆炸物品实施爆炸犯罪，以达到制造恐慌气氛、报复社会或要挟政府以实现自身目的的行为。

2. 爆炸恐怖袭击的特点和类型

爆炸恐怖袭击具有突发性强、社会危害大、影响范围广等特点。“以小炸弹聚众，以大炸弹杀人”是暴恐分子常用的伎俩。暴恐分子常使用小的炸弹引起人群的聚集和围观，在吸引了众多民众后，在附近引爆更大的炸弹，制造恶性的连环爆炸事件。爆炸恐怖袭击主要类型有一次爆炸和连环爆炸。

二、引发爆炸的常用手段

（1）普通炸弹引爆。炸弹是一种填充有爆炸性物质的武器。控制炸弹引爆的装置有定时器、遥控器、各种传感器、激光等。

（2）汽车炸弹引爆。汽车炸弹就是把炸弹安装在汽车内，利用汽车快速接近目标后引发爆炸。而暴恐分子要做的就是把现成的炸弹安装在汽车上，按照需求稍微改变引爆方式。这样，一辆汽车就摇身变成了令人生畏的炸弹。如果在汽车内再装上大量炸药，威力还将翻倍。

（3）自杀性人体炸弹引爆。这种炸弹就是将引爆炸药绑在自己的身上，向对方引爆。人体炸弹的特点是可以四处活动，机动性强，只要混过检查，就可以零距离地杀伤对方。尤其是女性人体炸弹，比男性人体炸弹更容易蒙混过关。

三、易遭受爆炸袭击的地点

（1）公共场所人员集中的地方，常常成为爆炸袭击的首选地点，常见的包括火车站进站口、宾馆、运动场所、电影院等。

（2）重要场所和建筑，如将首脑机关、政府部门、领事馆、重要设施、标志性建筑等作为爆炸案件破坏的目标。

（3）人口密集区，如游行时要经过的街道、举办大型民众活动的场所、演出及朝拜场所等。

（4）各种公共交通工具，如火车、地铁、公交车等。

四、遭遇爆炸恐怖袭击时的应对措施

扫码观看
教学视频

1. 要卧倒

遇到爆炸的第一步就是卧倒，也就是“趴下”！保持身体伏低不但可以最大限度地降低爆炸所带来的伤害，而且还可以防止吸入过多有毒烟雾。

卧倒就是全身俯地，但重要的是需要护好自己身体的关键部位（如图 7–1 所示）。

图 7–1 卧倒姿势

（1）双手抱头（上下放）护住后脑，防止爆炸后的碎片从高处坠落砸伤头部脆弱部位。

（2）双手抱头时利用手腕夹住自己的耳朵，同时张开嘴巴，防止爆炸的巨大声音伤害耳膜和眼球。

（3）双腿夹紧，两脚后跟靠拢并齐分开约 180°，防止坚硬物体通过爆炸冲击波沿着地面传播，伤到大腿根部的要害部位。

（4）利用双肘及双膝把躯干部位撑离地面，防止爆炸冲击波伤及内脏。要记得双肘尽量靠拢，再往怀里带，会更容易将躯干撑离地面。同时，脚后跟靠拢并齐，分开后，脚尖往上挑，脚部会更容易贴近地面。

2. 要逃生

在确定不会有第二次爆炸之后，就可以准备逃生了。在逃生时，一定要注意以下几点。

（1）要随时观察房屋是否会发生坍塌，在选择逃生路线时尽量避开那些看起来“晃晃悠悠”的柱子和大块的玻璃。

（2）不要太靠近墙壁。墙壁有可能会倒，还可能会反弹远处飞来的碎片而伤人。

（3）选择最近的安全出口逃生。伏低身子缓慢前进中要时刻观察周围环境。同时，寻找简易防护物，如衣服、纸巾等捂鼻，若在密闭空间内烟味太呛，可用矿泉水、饮料等润湿布块，防止烟雾和毒气引起窒息。

（4）不要用打火机点火照明或者开灯，以免形成再次爆炸或燃烧。

（5）听从指挥，有序逃生，防止踩踏。如果受伤，不要慌张，不要大喊大叫，保护好伤口，静待救援。

（6）如果家附近不幸遭受了恐怖袭击，首先要做的事是什么？当然不是逃跑！在不确定具体情况时，应该先在家中停留一段时间，打开电脑、电视、收音机收集官方信息，搞明白这次袭击的规模，以及是否还会有辐射扩散的危险等。记住，只相信可靠的信息源，绝不轻信流言。

五、在地铁、火车、公交车上遇到爆炸恐怖袭击时的应对措施

（1）要马上卧倒，同时寻找安全门。

（2）如列车还在运行期间，不要有拉门、砸窗、跳车等危险行为。

（3）在确定不会有第二次爆炸时，或者在警方组织疏散时，一定要听从指挥，沉着冷静、紧张有序地通过车头或车尾疏散撤离。

（4）寻找简易防护物，如衣服、纸巾等捂鼻，采用低姿势撤离。视线不清时，手扶墙壁撤离。

（5）受到火灾威胁时，不要盲目跟从人流相互拥挤、乱冲乱摸，要注意朝明亮处，迎着新鲜空气跑。

（6）身上着火不要奔跑，应就地打滚或用厚重衣物将火压灭。

六、爆炸后引发火灾时的应对措施

（1）保持镇定，明辨方向，迅速撤离。面对浓烟和烈火，要迅速判断危险地点和安全地点，决定逃生的办法，尽快撤离险地。

（2）简易防护，捂鼻匍匐。可用毛巾、口罩捂鼻，匍匐撤离。烟雾较轻飘于上部，贴近地面撤离是避免吸入烟气、毒气的

最佳方法。穿过烟火封锁区时，可向头部、身上浇冷水或用湿毛巾、湿棉被、湿毯子等将头和身体裹好，再冲出去。

（3）不入险地，不贪财物。尽快撤离，不要因害羞或顾及贵重物品，把时间浪费在穿衣或寻找、搬离贵重物品上。已逃离险地的人员，切莫重返险地。

（4）火已及身，切勿惊跑。如果身上着了火，不可跑动或用手拍打，这样会形成风势，加速氧气的补充，促旺火势。当身上衣服着火时，应当赶紧设法脱掉衣服或就地打滚，压灭火苗；及时跳进水中或让人向身上浇水，使用灭火器材灭火更有效。

（5）善用通道，莫入电梯。要根据情况选择进入相对安全的楼梯通道。

（6）自建避难场所，固守待援。假如用手摸房门已感到烫手，此时一旦开门，火焰与浓烟势必迎面扑来。如果逃生通道被切断且短时间内无人救援，可采取自建避难场所、固守待援的办法。首先应关紧迎火的门窗，打开背火的门窗，用湿毛巾、湿布堵塞门缝或用水浸湿棉被蒙上门窗；然后不停用水淋透房间，防止烟火侵入；固守在房内，直到救援人员到达。

（7）缓降逃生，滑绳自救。高层、多层公共建筑内一般都设有高空缓降器或救生绳，人员可以通过这些设施安全地离开危险的楼层。如果没有这些专门设施，在安全通道被堵，救援人员不能及时赶到的情况下，迅速利用身边的绳索或床单、窗帘、衣服等自制简易救生绳并用水打湿，从窗台或阳台沿绳缓滑到下面楼层或地面，安全逃生。

（8）缓晃轻抛，寻求援助。应尽量待在阳台、窗口等易于被人发现和能避免烟火近身的地方。在白天，可以向窗外晃动颜色鲜艳的衣物，或外抛轻型晃眼的东西；在晚上，可以用手电筒不停地在窗口闪动或者敲击东西，及时发出有效的求救信号，引起救援人员的注意。

第八章
生物恐怖袭击

一、生物恐怖袭击的要义

1. 生物恐怖袭击的定义

生物恐怖袭击就是指利用或威胁利用具有传染性的细菌、病毒、有害生物、有害的生物产物实施恐怖袭击，或通过袭击破坏拥有传染性细菌和病毒的研究所及运输和储存工具等设施，间接造成这些传染性细菌和病毒泄漏，从而扰乱社会秩序、危害民众安全的行为。

2. 生物恐怖袭击的主要特点

生物恐怖袭击具有易实施、危害重、救治难、防护难的特点。

二、生物恐怖袭击的判断因素

（1）发现事件区出现不明粉末或液体、遗弃的容器和面具、大量昆虫等。

（2）微生物恐怖袭击后 48~72 小时或毒素恐怖袭击几分钟至几小时，出现规模性的人员伤亡。

（3）现场人员出现大量相同的临床病症，在一个地理区域出现本来没有或极其罕见异常的疾病。

（4）在非流行区域发生异常流行病。

（5）患者沿着风向分布，同时出现大量动物病例等。

三、生物恐怖袭击的主要方式

（1）气溶胶污染空气。如直接抛撒、利用爆炸装置释放、放置沾染病原体的物品、邮件夹带、通过空调系统释放等。

（2）污染食品和水。污染食品、水源，甚至药品及其流通渠道等。

（3）通过媒介传播。如蚊子、蜱虫或跳蚤等病原体传播媒介。某些病原体能够在人与人之间传播，因此人体作为不易察觉而且高效的传播者，很容易成为病原体扩散源（如鼠疫或天花）。

（4）采用其他方式进行袭击。

四、在家如何做好生物恐怖袭击防御

（1）平时应该阅读有关传染病防治和应对生物恐怖袭击的书籍、报刊，了解应对生物恐怖袭击的基本知识和防御措施。

（2）为了提高家庭应对生物恐怖袭击的防御能力，家里平时可以储备一周的食物和生活保障物品。另外，胶带、手电筒、急救部门等单位的电话平时也应备着。应急物品平时要放置在相对固定的位置，便于寻找。

（3）保持通信畅通，以便及时获得外部援助。

（4）遭遇生物恐怖袭击，应及时报告，立即就医。

五、学校如何做好生物恐怖袭击防御

（1）严把食品关，对学校食堂做好重点把控，非相关人员禁止进入食堂操作间，同时做好食堂人员的身份审查。

（2）对学校水源要做好重点监测，发现问题不要抱有侥幸心理，要有责任心。

（3）发现一些不明生物或者有大面积的飞鸟、虫子死亡的情况，要及时上报，重点监测。

（4）如果学生有食物中毒的现象或有大量类似病例，要及时上报，重点监测。

（5）学校要常备一些专门的防毒面具、口罩、防护服（如图 8–1 所示）、手套和靴子以及急救用的相关药物，以便在出现症状时能够进行应急处理，以增强对生物剂的防护效果。

图 8–1　防护服

（6）要经常进行环境消毒，注意不明外来人员，把好入门关。

六、遇到生物恐怖袭击时的应对措施

（1）不要惊慌，尽量保持镇定，判明情况。

（2）利用环境设施和随身携带的物品，遮掩身体和口鼻，避免或减少病原体的侵袭和吸入（如图 8–2 所示）。

图 8–2　遮掩身体和口鼻

（3）尽快寻找出口，迅速有序地离开污染源或污染区域。

（4）及时报警，请求救助。可拨打 110、119、120 报警。

（5）听从相关人员的指挥。

（6）不要回家或到人员多的地方，以避免扩大污染区域。

（7）如果怀疑受到污染或感到身体不适，应立即就近去医院就诊或寻求帮助。

（8）相信政府，保持情绪稳定，积极配合相关部门做好后续工作。

七、遇到核与辐射袭击时的应对措施

（1）迅速远离辐射污染区，进入室内隐蔽。

（2）对呼吸道进行防护。用手帕、毛巾、布料等捂住口鼻，可使空气中放射性物质吸入减少约 90%。

（3）对体表进行防护。穿着各种日常衣具，尽量减少皮肤暴露。

（4）对已受到或可能受到体表放射性污染的人员，需要用淋浴去除污染，并将受污染的衣具脱下存放起来，以后再进行监测或处理，防止将放射性物质扩散到未受污染的地区。

（5）通过电视、广播、互联网等获取尽可能多的、可信的关于突发事件的信息，了解政府部门的决定、通知，切记不可轻信谣言或小道消息。

（6）按照地方政府的通知，迅速采取撤离或隐蔽措施。撤离一定要有组织、有秩序地进行，否则可能带来严重的负面影响（发生交通事故或安排不当会受到更高辐射照射）。要选用就近的建筑物进行隐蔽（地下室或高层建筑更好），关闭门窗，关闭通风设备（包括空调、风扇）。同时要注意，当污染的空气过去后，迅速打开门窗和通风装置。

（7）处于室外时，既不能迎着风，也不能顺着风跑，应尽量往风向的侧面躲并迅速进入建筑物内隐蔽。

（8）防止食入污染的食品或水。是否需要控制当地的食品和饮水，听从当地卫生、环保部门的安排。

第九章
网络恐怖活动

一、网络恐怖活动的要义

1. 网络恐怖活动的定义

伴随恐怖组织熟练运用网络与信息化技术，“网络圣战”“数字圣战”“新媒体恐怖主义”“恐怖主义 2.0”等新概念纷至沓来，恐怖组织的网络化发展态势难以阻挡，改变了国际社会对恐怖主义与反恐的传统认知。

网络恐怖活动就是非政府组织或个人有预谋地利用网络或以网络为攻击目标，以破坏目标所属国的政治稳定、经济安全，扰乱社会秩序，制造轰动效应为目的的恐怖活动，是恐怖主义向信息技术领域扩张的产物。例如，暴恐分子利用互联网、手机短信、微信等通信工具，散布、传播恐怖谣言，引起人们恐惧，从而制造混乱，造成人身伤害或财产损失。

2. 网络恐怖活动的特点

（1）虚拟性。虚拟性主要体现在网络恐怖活动是以网络空间为基础进行的恐怖活动。暴恐分子可以利用多媒体技术和网络技术制造虚拟声音和图像等进行恐怖活动。

（2）匿名性。利用网络信息系统，暴恐分子可以花费很少的费用从远距离匿名进行恐怖活动。暴恐分子只要及时掩盖和消除其使用终端上的痕迹，便可以在任何地方悄悄地进行网络恐怖活动。

（3）隐蔽性。大多数网络恐怖活动是通过程序、数据和电磁波等无形的操作来实现的，而且网络恐怖活动不受时间、地点的限制，所以行为不易被发现、识别和侦破，具有极高的隐蔽性。

（4）低成本和手段的易获性。低成本和网络信息技术的易获取性，使任何人都可以发起进攻，以极少的资源对拥有丰富资源的敌人发起进攻，并造成较大的破坏。

（5）社交媒体被“武器化”。社交媒体像是一件无形的武器，它不仅有“杀人诛心”的威力，而且能影响人们的生活模式乃至现代政治。如今，判断一个人的失联，是以这个人从社交媒体中消失开始的。反之，与一个人的联系不再局限于见面，在社交媒体上保持联系往往成为人们日常交流的主要渠道。

二、网络恐怖活动的类型

1. 利用互联网进行恐怖主义宣传

利用网络节点的广泛性和隐蔽性等特点，暴恐分子可以方便地利用互联网发布信息，宣传自己的政治观点，并通过各种手段进行欺骗宣传。通过宣传，欺骗人们接受他们的观点和主张，并且达到招募和训练新成员的目的。

2. 利用互联网进行心理战和舆论战

暴恐分子把互联网作为其进行心理战和舆论战的天然战场。利用网络系统，任何人在有网络节点的地方，都可以利用互联网传播各种恐怖信息，从而达成对人们心理的威慑和攻击。

3. 利用互联网快速协调和达成行动

由于国际社会对恐怖活动的打击力度越来越大，暴恐分子不敢进行公开活动，为了确保其行动的隐蔽性，其可以利用互联网便利和快捷的特点快速协调和达成行动。

4. 直接进行计算机网络黑客攻击

新生代暴恐分子已经认识到，利用网络恐怖活动可以对一个国家的经济命脉和军事系统安全运行造成重大影响，而且其破坏性比其他战略战术武器毫不逊色。因此，直接进行计算机网络黑客攻击是网络恐怖活动的一种重要方式。

三、避免蒙受网络欺骗的方法

（1）“信谣”不传谣。“信谣”，是指对于恐怖谣言要有所警觉，主动做好规避，同时向执法部门报告，而不是不负责任、不经核实地复制转发。不负责任、不经核实传播恐怖信息，只会制造社会恐慌，浪费警力，从而为暴恐分子异地施暴创造可乘之机，是变相地支持暴恐分子。

（2）听到谣言后，要有防范意识。不盲目随从，要保持冷静、主动甄别、认真判断，及时做好安全防范。

（3）不在网络上编造、传播容易引起公共恐慌的小道消息。这种消息经自制、传播后，极易引发公共恐慌，影响社会稳定，情节严重的将会被追究刑事责任。

总之，要不听谣、不信谣、不传谣、不编谣。对一些自己没有亲身经历的事情，要有自己的判断，要有大局观，要有高站位，即使自己经历了，也要有自己的主见，要想到他人的心理承受能力。如果认为有必要验证真伪，要及时和警方联系或者向单位领导请示，从自己这里截留谣言，做一个守法的好公民。

四、针对网络空间的自我保护措施

（1）在网络上，不要给出确定身份的信息，包括家庭地址、学校名称、家庭电话号码、银行卡密码、父母身份、家庭经济状况等信息，防人之心一定要有。

（2）不要自己单独去与网络上“认识”的朋友会面。因为网络虚幻不真实的地方多，任何人在网络上都可以匿名或改变性别、形象等。如果认为非常有必要会面，则到公共场所，并且要有人陪同。记住，在网络上读到的任何信息都可能是不真实的。

（3）当自己单独在家时，不要允许网络上认识的朋友到家里。

（4）不要贪图网络上的各类小便宜，有可能就是陷阱。登录安全网站。权威的、正规的大型网站一般都比较注重信息的来源，所以不搜索、不浏览不良网站。搜索引擎、博客互动、手机注册电影网站等是目前网络上不良内容的重灾区，应洁身自好。

（5）应该掌握一定的网络礼仪。虽然是在网络上，也要遵守道德准则。例如，要避免伤害他人，尊重他人隐私，保守秘密等。

五、保护国家信息安全，从我做起

（1）自己要有上网的原则，不要当“键盘侠”，坚守道德规范。

（2）树立不利用网络发送有害信息或进行反动、色情、迷信等宣传活动，以及窃取国家秘密的牢固意识。抵制敌对势力进行思想渗透和破坏的“黄色”信息、一些别有用心的人发布的虚假“灰色”信息、含有大量名人趣闻逸事的“桃色”信息。

（3）为了国家稳定、民族团结，坚决不要参与网络上的反动宣传活动。例如，敌对势力利用网络进行反动、色情、迷信等宣传活动，会给社会造成难以估量的危害。

（4）要有保密意识，对于国家安全信息要有足够的认识，抵制各种诱惑，坚决保守国家秘密，避免危害国家安全。全民国家安全教育日图标如图 9–1 所示。

图 9–1　全民国家安全教育日图标

第十章
紧急撤离时如何防止踩踏

一、紧急撤离时防踩踏的要义

1. 踩踏的定义

踩踏一般指在某一事件或某个活动过程中，因聚集在某处的人群过度拥挤，致使一部分人甚至多数人因行走或站立不稳而跌倒未能及时爬起，被人踩在脚下或压在身下，短时间内无法及时控制、制止的混乱场面。

2. 容易发生踩踏的情形

人意识到危险时，奔跑逃生是人的本能，大多数人会因为恐惧而“慌不择路”。在空间有限、人群又相对集中的场所，如球场、商场、狭窄的街道、室内通道或楼梯、影院、酒吧、夜总会、彩票销售点、超载的车辆、航行中的轮船等，都隐藏着潜在的危险。当身处这样的环境中时，一定要提高安全防范意识。

二、当危险来临时撤离保命的措施

（1）在遇到危险时，不要总是被好奇心理所驱使而想一探究竟。当面对惊慌失措的人群时，要确保自己的情绪稳定，不要被别人的情绪感染，否则只会使情况更糟。

（2）要保持镇定，判明所处位置，及时撤离。善选通道，不要使用电梯。

（3）要顺着人群走，不要试图超过别人。

（4）不要贪恋财物，什么都没有生命重要，更不要重返危险境地。

（5）要善于寻找或抓住身边的牢固物体（栏杆或柱子），但要远离店铺和柜台的玻璃窗，如果条件允许可溜边前行或抓住牢靠的东西如楼梯，暂时躲避，待人群过去后迅速离开现场。

（6）要注意防护自身，头脑清醒，善于观察，注意避险。

三、在撤离过程中防止发生踩踏事故的措施

（1）当发生各种突发事件，大家一起撤离时，如果前方有人突然摔倒，旁边的人一定要大声呼喊，尽快让后面的人知道前方发生了什么事。否则，后面的人继续向前拥挤，就非常容易发生拥挤踩踏事故。如果此时有人带着孩子，要尽快把孩子抱起来，因为孩子身体矮小、力气小，面对拥挤混乱的人群，极易出现危险。

（2）如果发觉人群向自己行走的方向涌来，应立即避到一旁，不要慌乱，不要奔跑，避免摔倒。

（3）要顺着人流走，切不可逆着人流前进，否则容易被人流推倒。

（4）当身不由己混入人群中时，一定要双脚站稳，抓住身边的牢固物体（栏杆或柱子）。遭遇拥挤的人流时，一定不要采用体位前倾或者低重心的姿势，要用一只手紧握另一只手的手腕，手肘撑开，平放于胸前，微微向前弯腰，形成一定空间，以保持呼吸道通畅。

（5）如果鞋子被踩掉，不要贸然弯腰提鞋或系鞋带。

（6）若自己不幸被人群挤倒，要设法靠近墙角，身体蜷成球状，双手在颈后紧扣以保护身体最脆弱的部位，保护好头、颈、胸、腹部（如图 10–1 所示）。

图 10–1 人群中蜷缩姿势

（7）面对混乱的场面，良好的心理素质是顺利逃生的重要因素，争取做到遇事不慌，否则大家都争先恐后往外逃，可能会加剧危险，甚至出现谁都逃不出去的惨剧。

四、在飞机迫降时的撤离

（1）快速打开紧急出口，要完全相信客舱乘务员，服从他们的指挥。对乘务员的绝对信任是成功撤离的最重要保障。

（2）如果客舱失火后出现浓烟，产生的有毒气体对旅客的威胁很大，千万不要大声呼叫，更不要打开通风口，这样会吸入更多烟雾。烟雾是往上飘移的，旅客要尽量放低姿态，屏住呼吸，或用湿毛巾、衣物堵住口鼻，防止吸入有毒气体，这一点和平时火灾中逃生类似。

（3）紧急撤离时千万不要携带任何行李！时间就是生命。

（4）不要惊慌失措全部涌向飞机的某一部分，以免飞机重心失衡，离开失火部位 4 排以上座位即可。

（5）听从乘务员的安全指令，取下尖锐物品，如钢笔、发夹和珠宝首饰、手表等，脱下高跟鞋、皮鞋、带钉子的鞋。钢笔、发夹这些尖锐物品在拥挤时会伤到自己和他人。旅客从充气滑梯滑下飞机撤离时，高跟鞋、发夹等这些尖锐物品会割破滑梯，如果滑梯漏气对后续旅客的撤离是很不利的。

（6）旅客要按客舱乘务员的示范做好防冲击姿势，系紧安全带，头俯下，两脚用力蹬地。

（7）采取正确的跳滑梯姿势，双腿及后脚跟紧贴梯面，收腹弯腰直到滑到梯底，站立跑开。滑梯充气后并没有想象中那么柔软，人的手部、脸部与滑梯表面材质摩擦时极易被擦伤。要听从乘务员的口令，一个接一个有序往下跳，千万不要拥挤。

五、在学校如何避免踩踏事故

（1）学校踩踏事故发生地点多在楼层间的楼梯拐弯处。在上、下楼梯时故意拥挤、起哄、恶作剧、打闹、推搡、突然停留和开玩笑等，特别是在人多时，更容易发生踩踏事故。所以，不在楼梯或狭窄通道嬉戏打闹，人多的时候不拥挤、不起哄、不制造紧张或恐慌气氛。

（2）在行进中，要时刻保持警惕，当发现有人情绪不对或人群开始骚动时，就要做好准备保护自己和他人。这时千万不要蹲下，要尽量躲闪，顺着人流走，不要试图超越别人，切不可逆着人流前进，否则很容易被人流推倒诱发踩踏事故。

（3）假如后面人多且行进速度快，一定要先站稳，避免身体倾斜而失去重心。尽可能抓住坚固可靠的东西慢慢走动或停住，待人群过去后再迅速离开现场。

（4）若自己不幸被人群挤倒，要设法靠近墙角，身体蜷成球状，双手在颈后紧扣以保护身体最脆弱的部位。

（5）当发现自己前面有人突然摔倒，要马上停下脚步，同时大声呼喊，告知后面的人不要向前靠近，及时分流，组织有序疏散。

（6）学校要经常组织学生进行防踩踏演练（如图 10-2 所示），可以利用升国旗、做课间操等时段进行演练，加深印象。

图 10-2　防踩踏演练

下篇

暴恐袭击时的自救互救

第十一章
做自己的“首席安全官”

当暴恐分子针对个人进行人身威胁时，原则上不鼓励普通民众直接对抗。作为普通民众，最重要的就是掌握一些必要的防暴自卫术，保护自己，大大降低个人受伤的概率。

一、暴恐分子突然出现在身边时的应对措施

（1）示弱。首先不要激怒暴恐分子，要做出示弱的动作，即双手缓慢抬起做出投降的动作（如图 11-1 所示）。示弱是正确的第一反应，示弱并非懦弱，暴恐分子在实施侵害时，实则自身也很紧张，受害者做出示弱动作，有利于缓解暴恐分子的紧张情绪，让其不直接做出伤害人的动作。同时，受害者也可以借助示弱的时机，让自己冷静，

图 11-1 示弱动作

控制好情绪，争取时间观察判断对方的人数、武器等状况，寻找对策（注意：双手上举时不要抬得过高，双手的位置最好不要高过头部）。如果暴恐分子有进一步伤害受害者的企图，示弱动作还可以迅速换成搏斗准备动作来保护头颈等重要部位或者攻击对方，前提是受害者有绝对的把握才可以行动。

（2）站位。若暴恐分子情绪失控，开始做出伤害举动，受害者不得不被迫反击，以保护自身免受侵害。这时，受害者要由示弱姿势改成搏斗站位姿势，如果条件允许，可以就地取材当作“武器”，也可以用自己的搏斗技能暂时保护自己。双手抬起握拳做搏斗准备姿势（如图 11–2 所示），当遇到暴恐分子企图袭击时可以迅速转身逃离或直接反击。

图 11–2　搏斗准备姿势

二、暴恐分子突然袭击时的应对措施

1. 打过去

可以用拳部或者肘部打过去。拳可分为直拳、摆拳、勾拳等。

（1）直拳（如图 11–3 和图 11–4 所示），主要用于攻击暴恐分子面部、胸部、腹部及肋部等部位。为了增强击打的威力效果，可以在直拳的基础上转换成其他攻击方法，如可用手掌掌根，以直拳的击打动作，向斜上方击打对方鼻部，如图 11–5 所示。鼻部是人体的脆弱部位，通常情况下，无论多么强壮的人都难以承受对鼻部的重击。也可用手掌的虎口，以直拳的击打动作，击打对方咽喉，如图 11–6 所示。咽喉部位也是人体的要害部位之一，咽喉由软骨组成，通常情况下，任何人都难以承受对咽喉部位的重击。

图 11–3　左直拳

图 11–4　右直拳

图 11–5　用掌根击打对方鼻部

图 11–6　用手的虎口击打对方咽喉

（2）摆拳（如图 11–7 所示），主要攻击暴恐分子头部侧面及颈部。

图 11-7 摆拳

（3）勾拳（如图 11-8 所示），主要是由下向上攻击，用于攻击暴恐分子下颌、胸腹部。

图 11-8 勾拳

（4）肘法（如图 11-9 所示），是以肘部为着力点，在近距离对头、颈、胸、腹等部位进行反击。

图 11-9 肘法

2. 踢过去

踢过去可以用腿法和膝法。腿法分为横踢、侧踹、弹踢、前蹬等。

（1）横踢（如图 11-10 所示）是横向攻击的腿法，主要用于攻击暴恐分子腹、腰、头、腿等部位。

图 11-10 横踢

（2）侧踹（如图 11-11 所示）是直线攻击的腿法，主要用于攻击腹、肋、胸、头等部位。

图 11-11　侧踹

（3）弹踢（如图 11-12 所示）是由下向上攻击的腿法，用于攻击下颌、裆部或持凶器的手臂。

图 11-12　弹踢

（4）前蹬（如图 11–13 所示）是直线攻击的腿法，用于攻击腹、胸等部位，以及被暴恐分子拳法打得无法反击时拉开距离时所用。

图 11–13 前蹬

（5）膝法（如图 11–14 所示）是以膝盖为着力点，在近距离对腹、裆进行攻击。

图 11–14 膝法

三、被抓住手腕时的应对措施

（1）当被暴恐分子双手抓住右手腕时，右手马上握拳，同时左手迅速向上拉住右手，用右手小臂做杠杆撬动暴恐分子的手指；与此同时，用右手肘部攻击暴恐分子腹部或者下颌部位，让其失去继续施暴能力（如图 11–15 所示）。

图 11–15　被暴恐分子双手抓住右手腕时的反击动作

（2）被暴恐分子以同侧手抓住手腕时，要用另一只手压住暴恐分子掌背，同时四指扣住暴恐分子手掌大拇指处，以被抓之手虎口张开上挑抓暴恐分子的手腕，并用力翻转其手腕；与此同时，双手发力下压摆脱其控制（如图 11–16 所示）。

四、被抓住头发时的应对措施

当被暴恐分子抓住头发时，应迅速用双手按住暴恐分子手掌根部，用全身力量一起下压暴恐分子的手掌，不能直立身体，使

扫码观看
教学视频

图 11-16　被暴恐分子以同侧手抓住手腕时的反击动作

暴恐分子身体也向下弯曲，同时后侧一步提膝弹腿攻击暴恐分子的腹部或下颌部位（如图 11-17 所示）。

扫码观看
教学视频

图 11-17　被暴恐分子抓住头发时的反击动作

五、被抓住肩膀时的应对措施

（1）被暴恐分子从背后以右手抓住右肩时，应以左手将暴恐分子右手扣在自己的右肩上；与此同时，右转侧身，右臂上举绕至暴恐分子右臂外侧，屈己右肘，别暴恐分子右肘，发力将暴恐分子摔倒（如图 11–18 所示）。

扫码观看
教学视频

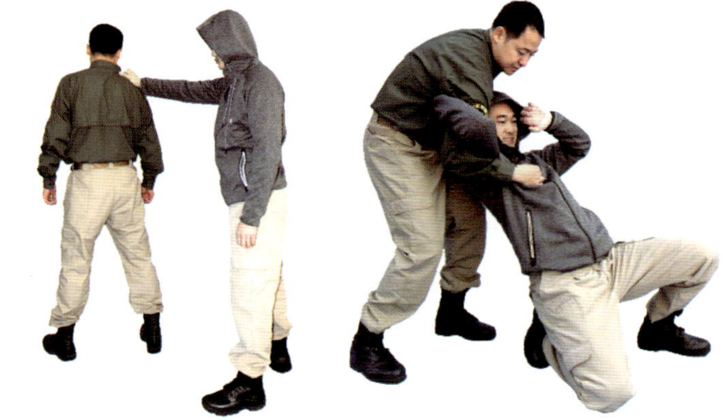

图 11–18　被暴恐分子从背后以右手抓住右肩时的反击动作

（2）被暴恐分子从背后以右手抓住左肩时，应以右手将暴恐分子右手扣在自己的左肩上，左转侧身；与此同时，左臂上举绕至暴恐分子右臂外侧，屈己左肘挑暴恐分子右肘，顺势发力将暴恐分子摔倒（如图 11–19 所示）。

扫码观看
教学视频

图 11–19　被暴恐分子从背后以右手抓住左肩时的反击动作

（3）被暴恐分子双手抓住双肩时，应以右手抓住暴恐分子左手腕，顺势用右小臂压住暴恐分子双臂，与此同时，用右手从暴恐分子双臂下方扣住其左肘外侧，双手同时发力向下压暴恐分子的左臂，并配合其他辅助动作（如图 11–20 所示）。

图 11–20　被暴恐分子双手抓住双肩时的反击动作

六、被抓住胸部时的应对措施

（1）被暴恐分子以单手抓住前胸时，应以同侧手横抓暴恐分子手腕，另一只手压在暴恐分子手之上，四指扣住暴恐分子小手指部位，同侧手小臂滚暴恐分子的手臂；与此同时，交叉手外翻，缠折暴恐分子的手腕，将暴恐分子的手从自己胸前拿下并将暴恐分子压倒（如图 11–21 所示）。

（2）被暴恐分子以单手抓住前胸时，还可以同侧手横抓暴恐分子手腕，另一只手屈臂拐暴恐分子肘外侧，使暴恐分子成翻肘状态，松开抓暴恐分子手腕的同侧手，配合其他辅助动作，将暴恐分子打倒（如图 11–22 所示）。

图 11–21　被暴恐分子以单手抓住前胸时的反击动作

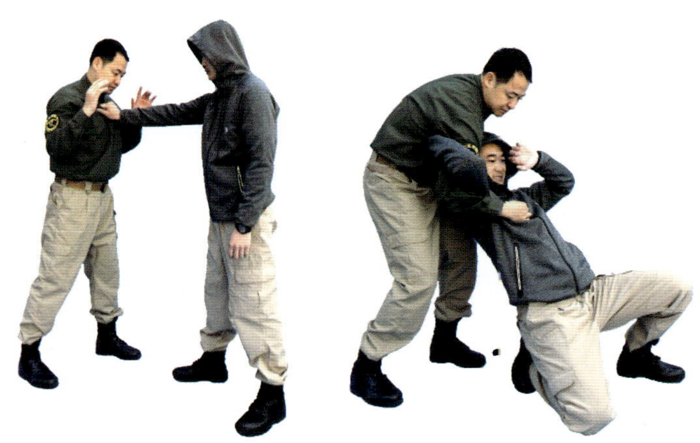

图 11–22　被暴恐分子以单手抓住前胸时的另一反击动作

七、被抓住颈部时的应对措施

被暴恐分子用双手抓住颈部时，双手由内侧外格挡顺势抓住其双手腕，并交叉暴恐分子双手（自己的手左上右下），出马步左腿紧贴住暴恐分子身后，松开左手顺势切暴恐分子的颈部，并上举暴恐分子的左臂，利用腰部合力，将暴恐分子翻转摔出（如图 11–23 所示）。

扫码观看
教学视频

图 11–23　被暴恐分子用双手抓住颈部时的反击动作

八、被匕首袭击时的应对措施

（1）当暴恐分子右手正握匕首刺向自己腰部时，应侧身顺势抓住暴恐分子持刀手腕，同时以另一只手掌按其手背，用四指扣住对方手掌小手指部位，用力扭转暴恐分子手腕，可令暴恐分子脱刀（如图 11–24 所示）。

（2）当暴恐分子右手正握匕首刺向自己腹部时，可以用双手握拳交叉下格挡（右手在前），用单拳猛击打暴恐分子小臂，然后右手抓住暴恐分子手掌小手指部位；与此同时，左手反抓住暴恐分子大拇指根部和匕首，双手合力迅速向右转身，制服暴恐分子（如图 11–25 所示）。

图 11–24　被匕首刺向腰部时的反击动作

扫码观看
教学视频

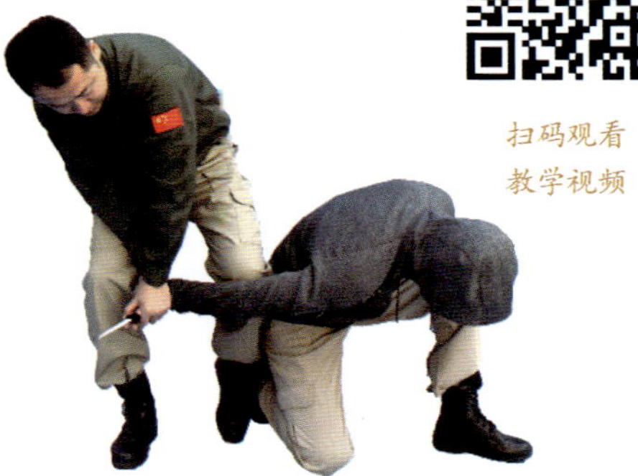

图 11–25　被匕首刺向腹部时的反击动作

（3）当暴恐分子右（左）手正握匕首向自己腹部以上猛刺时，可迅速向左（右）躲闪，右（左）手横抓其右（左）手手腕，左（右）手压住暴恐分子右（左）小臂，绕己右（左）手手腕并缠住，身体右（左）转用匕首刺暴恐分子身体（如图 11–26 所示）。

图 11-26　被匕首刺向腹部以上时的反击动作

九、刀架在颈部时的应对措施

遭到劫持，当暴恐分子右手持刀架在受害者颈部时，受害者可在做出示弱动作的同时，稍微侧身，迅速用左手握拳向后猛砸其裆部，而后双手抓住暴恐分子右手手腕上抬，用刀尖刺向暴恐分子身体部位（如图 11–27 所示）。

十、被刀劈砍时的应对措施

（1）当暴恐分子右手持菜刀劈砍时，可瞅准时机将左手小臂抬起格挡其手腕，右手迅速成手掌势，攻击其颈部或者面部；与此同时，用左手抓住暴恐分子手腕，右手顺势压住暴恐分子肘关节，利用全身力量将其压向地面（如图 11–28 所示）。

图 11-27　刀架在颈部时的反击动作

图 11-28　当暴恐分子右手持菜刀劈砍时的反击动作

（2）当暴恐分子右手持菜刀劈砍时，可看准时机将左手小臂抬起格挡其手腕，右手迅速成手掌势，攻击其颈部；然后右手掌扣住暴恐分子后颈的同时，提起右膝顶向暴恐分子裆部或腹部，当暴恐分子失去反抗能力时迅速逃离现场（如图 11–29 所示）。

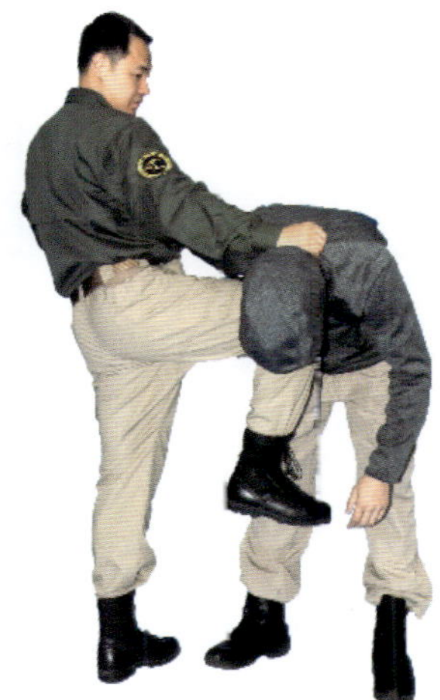

扫码观看
教学视频

图 11–29　当暴恐分子右手持菜刀劈砍时的另一反击动作

第十二章
在抢救“白金”“黄金”时间内的自救互救

一、遇到昏迷伤者时的救护措施

（1）意识判断。用双手轻拍伤者肩部或面部，大声呼叫，查看有无反应（如图 12–1 所示）。

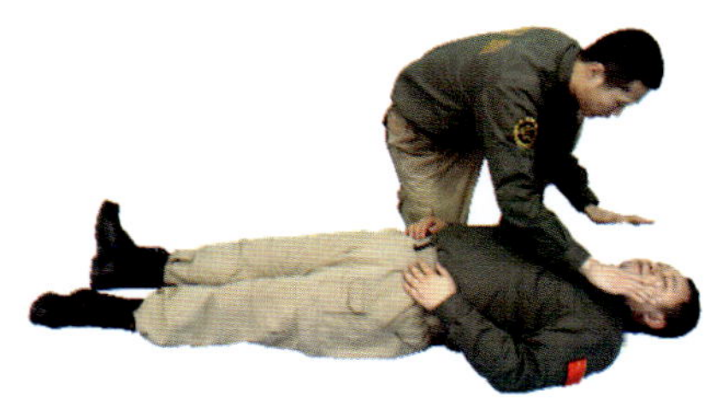

图 12–1　意识判断

（2）检查呼吸。先将耳朵贴近伤者的口鼻附近，感觉有无气息，再观察胸部有无起伏动作 5~10 秒（数秒 0001、0002、0003、0004、0005……），最后仔细听有无气流呼出的声音，并大声呼救（如图 12–2 所示）。

图 12–2　检查呼吸

（3）判断是否有脉搏。用右手的中指和食指从气管正中环状软骨滑向近侧颈动脉搏动处，检查有无脉搏（数秒 0001、0002、0003、0004、0005……判断 5 秒以上 10 秒以下）。

（4）松解衣领及裤带，将伤者置于平坦的地方，目的是使伤者处于放松的状态（如图 12–3 所示）。

（5）判断是否需要胸外心脏按压（如图 12–4 所示）或者人工呼吸（如图 12–5 所示）。

图 12–3　松解衣领及裤带

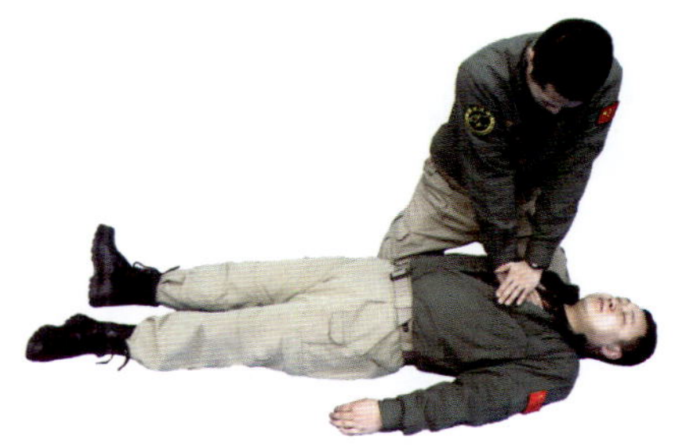

图 12–4　胸外心脏按压

图 12-5　人工呼吸

（6）查看口腔中是否有异物，用仰头抬颌法首先打开气道，使下颌角与耳垂连线垂直于地面 70°～90°　。因为伤者意识丧失后，舌肌松弛，舌根后坠，舌根部贴附在咽喉壁上，易造成气道阻塞，开放气道的目的是使舌根离开咽后壁，使气道畅通，等待救援。

二、遇到头部出血伤者时的救护措施

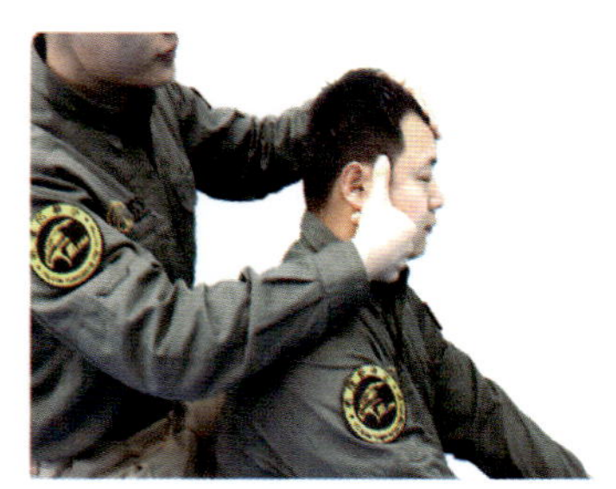

图 12-6　压迫颞动脉

（1）头顶部出血，也就是耳朵上方的部位出血，要压迫颞动脉。方法是手指压在耳前下颌关节处，可止同侧上额、颞部及前头部出血（如图 12-6 所示）。

（2）脸部出血，可以压迫颌骨外侧的面动脉，按压时一手固定头部，另一手拇指压在下颌角前下方 2/3 处，可止同侧脸下部及口腔出血（如图 12-7 所示）。

（3）头颈部出血，可压迫颈总动脉（如图 12-8 所示）。压迫颈动脉时，主要是将同侧胸锁乳突肌中段前缘的颈总动脉压迫到颈椎横突上，可止同侧头颈部、咽部等比较广泛的大面积出血。要注意压迫时间不能太长，更不能两侧同时压迫，否则可能引起严重脑缺血，也不要因为匆忙把气管给压住，那样会引起呼吸受阻。

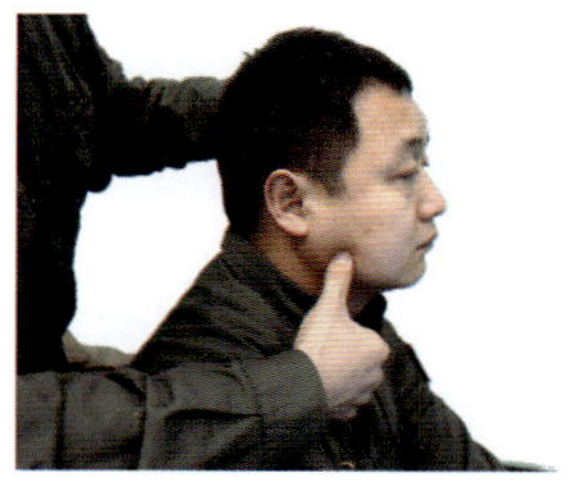

图 12-7　压迫面动脉

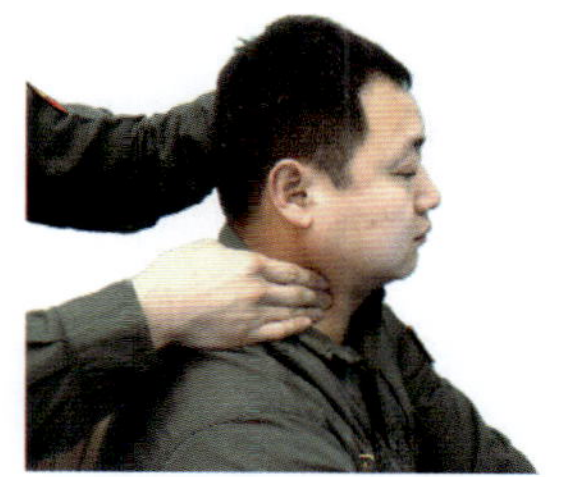

图 12-8　压迫颈总动脉

（4）头部包扎。先把三角巾纱布基底折叠，放于前额、眉骨上沿，两边拉到脑后与基底先作一半结，然后绕至前额作结，固定好（如图 12-9 所示）。

图 12-9　头部包扎

三、遇到四肢出血伤者时的救护措施

1. 肩关节以下的手臂出血

压迫的位置是肱动脉（如图 12-10 所示）。肱动脉位于肱二

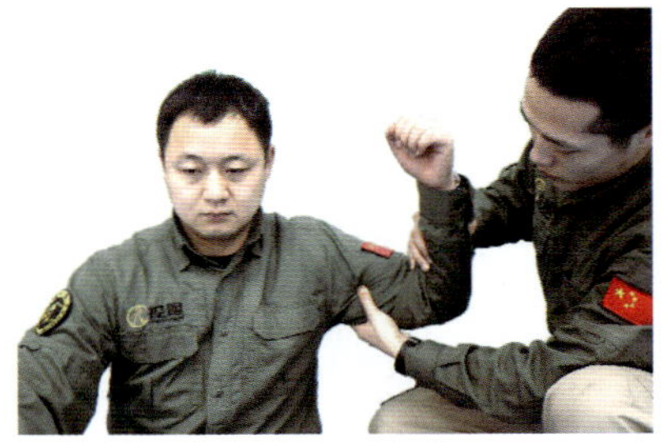

图 12-10　压迫肱动脉

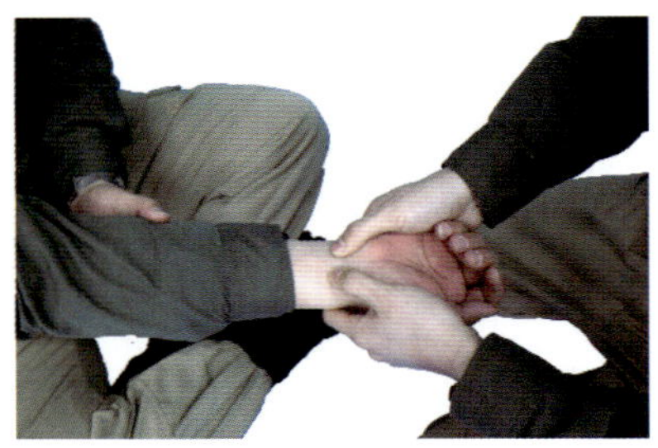

图 12-11　压迫尺动脉和桡动脉

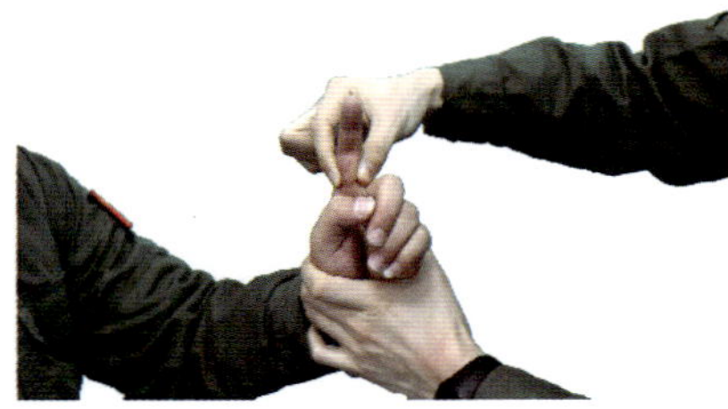

图 12-12　压迫指动脉

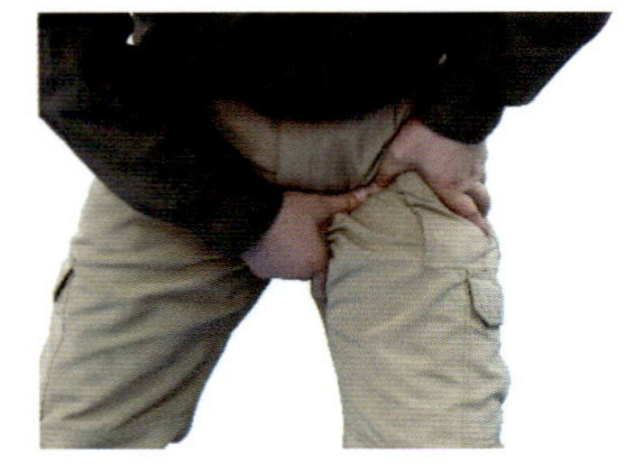

图 12-13　压迫股动脉

头肌沟骨旁边，这根动脉的跨度比较长，所以在按压时可以根据受伤的部位，在肱动脉上下移动。将肱动脉压迫在肱骨上，可以止住来自上肢下端前臂和手部的出血。

2. 手掌和手背大面积出血

特别是在伤及动脉血管时，要在受伤一侧的腕部掌面用两拇指同时压迫尺动脉和桡动脉（如图 12-11 所示）。

3. 手指出血

压迫指动脉（如图 12-12 所示）。指动脉位于每个手指的根部，手指出血时压迫那根手指的指根部就可以起到止血的作用。

4. 下肢出血

压迫股动脉。股动脉在腹股沟韧带的中点位置，两个拇指重叠，用力加压于股动脉上（如图 12-13 所示）。

5. 四肢大动脉出血

四肢大动脉出血，应用止

血带法止血。

（1）四肢动脉出血时，止血带应该扎在上臂或者下肢的上1/3处，注意千万不要扎在上、下肢的中段（如图12–14所示）。因为中段位置的神经非常丰富，如果使用不当很可能会损伤四肢神经，严重的还可能导致皮下组织坏死甚至截肢。

图12–14　止血带止血

（2）扎止血带之前，先要将伤肢抬高，尽量使静脉血回流，并用软织敷料垫好局部，然后再扎止血带，以止血带远端肢体动脉刚刚摸不到为适度。扎止血带后每隔45分钟放松止血带2~3分钟，松开止血带时要慢慢用指压法代替，定时放松，避免肢体因缺血时间过久而坏死。切记，一定杜绝用铁丝之类的坚硬、没有弹性的物品代替止血带。

6. 绷带包扎

如果现场有医用纱布最好，如果没有，也可以把衣服或者窗帘等撕成条状进行包扎（如图12–15所示）。注意，在包扎手脚时，一定要在手指和脚趾中间加上敷料，防止它们粘连。

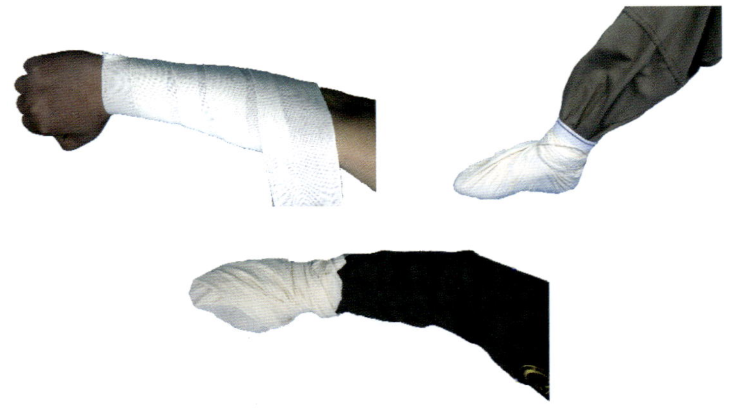

图 12-15 绷带包扎

四、遇到骨折伤者时的救护措施

如果现场没有医疗器材，可以就地取材，把伤肢固定好，等待救援（如图 12-16 所示）。

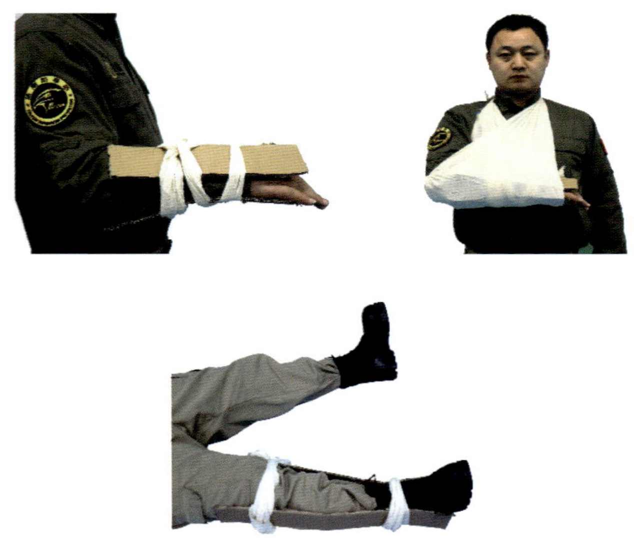

图 12-16 伤肢固定

五、遇到需要搬运的伤者时的救护措施

（1）如果面对的是孩子或体重比较轻的伤者，没有骨折且伤势不重，可以把他们抱起来搬运（如图 12–17 所示）。这是短距离搬运的最佳方法。也可以把他们背起来进行搬运。切记，有上下肢或者脊柱骨折的伤者，不能用这些方法。

图 12–17　单人搬运伤者

（2）如果伤者体重比较重或者头脑不清醒，可以找同伴一起进行搬运，具体方法如下。

1）两人在伤者两侧对立，分别以右膝、左膝跪地，各用一只手伸到伤者大腿的下面，互相紧握，另外的手彼此交替搭在肩上，支托伤者的背部。

2）第一个人站在伤者的头部，两手插在伤者的腋下，将伤者抱进怀里，第二个人站在伤者的脚部中间，然后步调一致前行（如图 12–18 所示）。

图 12–18　双人搬运伤者

（3）对病情严重、路途遥远又不适于徒手搬运的伤者，应当用器械救护搬运法。常用的器械有帆布担架。如果没有帆布担架，可以就地取材，用

衣服、窗帘、被单等制作成临时担架（如图 12–19 所示）。搬运担架时，保持伤者的脚在前、头在后，以便于观察，先抬头、后抬脚，担架员应当步调一致，停下来时应当先放脚、后放头（如图 12–20 所示）。

图 12–19　临时担架

图 12–20　担架搬运伤者

后　记

当这本《全民防暴恐安全知识手册》从一个简单的设想，逐渐凝聚为电脑屏幕上的文字，再到如今真正成为一本书时，我恍然间有一种大梦方醒的错觉。这一刻，所有的努力与拼搏都有了更沉甸甸的意义，而我仿佛又看到了十年来，在推广全民防暴恐这条艰辛道路上，一路披荆斩棘、不懈前行的自己。

2009 年因工作需要，我被派往北非、中东等地区，为中资机构和人员提供安全保护和防暴恐培训演练。那是一片历史悠久、文明璀璨的土地，却也是一片多灾多难、渗透着血与火的土地。战乱、政变、恐怖主义相互交织，人们的生活无时无刻不笼罩着死亡的阴影。《战狼 2》《红海行动》等电影中那些危急惊险的场面，在我们身边时有发生。然而，电影不是现实，现实不会重启。每每看到在袭击之下伤亡惨重的平民，特别是其中还有我可亲可爱的中国同胞，我不能不心如刀绞，也陷入深深思考：假如每一个人都建立防暴恐意识，具备防暴恐技能，当灾难与危险突然袭来时，结局会不会变得好一些？2014 年 3 月，发生在云南昆明火车站的暴恐袭击事件，以更血腥惨烈的方式再一次刺激了我的神经。在枪爆物品管制极其严格的我国，暴恐分子仅仅使用几把砍刀，就造成了无辜群众的大规模伤亡。或许是太平已久，太多的人没有应对危机的能力，只能以毫无抵抗的血肉之躯面对暴恐分子。

2014年年底，我回到祖国，国内外形势发生深刻变化，国家日益富强，越来越多的中国公民走出国门，周游世界，但危险也在悄悄滋长，恐怖主义、暴力冲突、极端事件……也更深重地对人类社会构成巨大威胁。“将防暴恐的知识与技能赋予更多的人”，这一念头在我脑中逐渐变得强烈而清晰。回想在国外的经历，我从与外国朋友的交流中得知，美国、以色列、新加坡等国家早已将防暴恐培训纳入国民教育体系，但在我国，这项教育目前还是空缺，存在巨大的开垦空间。“临渊羡鱼，不如退而结网。”我把创办控险公司的想法与好友们交流之后，大家一拍即合，都表示愿意参与。在控险公司运营中，特别感谢我的师父毕云龙先生对我的教导。也许是找准了市场需求，我们推出的培训服务迅速得到了党政机关、大型企业、院校等单位的青睐。我和志同道合的战友们，竭尽所能，将防暴恐理念、知识、技能毫无保留地传授、分享给驻外工作的外交官、走出国门的企业员工和海外留学的学生们……让他们在危险来临之际，哪怕只有一丝机会，也能凭借所学所知，成功保护自己。

历经两年多的防暴恐技术推广，我们的培训课程和内容逐渐成为完整的体系。2016年8月，经国家有关部门批准，我们成立了国内第一家具有独立法人资格的防暴恐技术推广社会服务机构——北京猎鹰防暴恐技术推广中心。北京猎鹰防暴恐技术推广中心以推广全民防暴恐安全为主要任务，旨在提升国人的防暴恐安全意识，共同搭建全民防暴恐的安全平台。2017年，在国家安全反恐部门和科研院校的支持下，北京猎鹰防暴恐技术推广中心进一步成立了猎鹰防暴恐专家委员会，由原总参某部、中国武警特警学院、中国人民公安大学、中国维和警察培训中心等单位的顶级专家学者组成，共同研发防暴恐课程，培训防暴恐专业教官。正是在此过程中，我萌发了将这一课程撰写为图书的想法，因为课程培训的受众有限，但书籍传播却能扩大覆盖面，让更多的人了解和学习防暴恐知识。对我来说，让防暴恐教育深入人心，让每个人都享有平安幸福，正是我的初心和使命。于是，不善文辞的我，也勉为其难地当起了“文字工作者”，在本书整理过程中特别感谢陈启旭、王林晚警官和王艳荣老师的帮助，最终能使这本书呈现于广大读者面前。

作为编撰者，我深知这本书尚有诸多不够成熟之处，希望读者们能够见谅。今后，我将不断补充和完善书籍的内容，让防暴恐知识和技能更加贴近生活。在此我要感谢我团队的所有人，跟我一起在全民防暴恐推广的道路上砥砺前行！

安全诚可贵，生命价更高。我殷切希望本书的读者及其亲朋好友永远不会遭遇灾难与危险，平平安安地度过一生，这是最理想的状态。然而，万一有人不幸面临危机时，本书能够起到哪怕一丝一毫的帮助，那也将是我的莫大荣幸。

第一届猎鹰防暴恐专家委员会专家合影

第二届猎鹰防暴恐专家委员会专家合影

第一期猎鹰防暴恐师资认证暨高管研修培训班

第二期猎鹰防暴恐师资认证暨高管研修培训班

第三期猎鹰防暴恐师资认证暨高管研修培训班

第四期猎鹰防暴恐师资认证暨高管研修培训班

第五期猎鹰防暴恐师资认证暨高管研修培训班

第六期猎鹰防暴恐师资认证暨高管研修培训班

第七期猎鹰防暴恐师资认证暨高管研修培训班

第八期猎鹰防暴恐师资认证暨高管研修培训班

第九期猎鹰防暴恐师资认证暨高管研修培训班

第十期猎鹰防暴恐师资认证暨高管研修培训班

第一期猎鹰防暴恐师资认证暨高管研修培训班（二级）